Cambiaron la historia

Divulgación
Historia

César Vidal
Cambiaron la historia

🌐 Planeta

Obra editada en colaboración de Editorial Planeta – España

© 2007, César Vidal Manzanares
   Derechos cedidos a través de Silvia Bastos, S. L.
   Agencia Literaria
© 2009, Editorial Planeta, S.A. – Barcelona, España

Derechos reservados

© 2009, Editorial Planeta Mexicana, S.A. de C.V.
Bajo el sello editorial BOOKET
Avenida Presidente Masarik núm. 111, 2o. piso
Colonia Chapultepec Morales
C.P. 11570, México, D.F.
www.editorialplaneta.com.mx

Diseño de la portada: Lucrecia Demaestri / Departamento de Diseño, División
Editorial del Grupo Planeta
Ilustración de la portada: © Stefano Scata. The Image Bank / Getty Images
Ilustraciones del interior: © Araldo de Luca / Corbis, © The Tate Gallery Collection /
Corbis, Igda, © Gianni Dagli Orti / Corbis, Aisa, © The Corcoran Gallery of Art /
Corbis, © Swin Ink / Corbis y © Bettmann / Corbis

Primera edición impresa en España en colección booket: abril de 2009
ISBN: 978-84-08-08588-1

Primera edición impresa en México en colección booket: julio de 2009
ISBN: 978-607-07-0188-7

Impreso en los talleres de Litográfica Ingramex, S.A. de C.V.
Centeno núm. 162, colonia Granjas Esmeralda, México, D.F.
Impreso en México – *Printed in Mexico*

Biografía

César Vidal (1958) es doctor en Historia (premio extraordinario de fin de carrera), en Teología y en Filosofía, y licenciado en Derecho. Ha ejercido la docencia en distintas universidades de Europa y América. En la actualidad, es columnista del diario *La Razón* y colabora en medios como *Libertad Digital*, la COPE, Antena 3 o *Muy Interesante*. Defensor infatigable de los derechos humanos, ha sido distinguido con el Premio Humanismo de la Fundación Hebraica (1996) y ha recibido el reconocimiento de organizaciones como Yad-Vashem, Supervivientes del Holocausto (Venezuela), ORT (México) o Jóvenes Contra la Intolerancia. Entre otros premios literarios, ha recibido el de la Crítica a la mejor novela histórica (2000) por *La mandrágora de las doce lunas*, el Premio Espiritualidad (2004) por *El testamento del pescador*, el Premio Jaén de Narrativa Juvenil (2004) por *El último tren a Zúrich* y el Premio de Novela Histórica Alfonso X el Sabio (2006) por *El fuego del cielo*. Entre sus últimas obras destacan *Enigmas históricos al descubierto* (2002), *Nuevos enigmas históricos al descubierto* (2003), *De Isabel a Sofía. Medio milenio de reinas de España* (2004), *Los masones* (2005), *El médico del sultán* (2005), *Bienvenidos a La Linterna* (2005), *Jesús y los manuscritos del mar Muerto* (2006), *La guerra que ganó Franco* (2006), *Corría el año...* (2006), *Jesús y Judas* (2007) y *El camino hacia la cultura* (2007).

Índice

A José Pardinas y a toda la gente de la redacción Muy Interesante, *que tan pacientemente durante años soportó mis retrasos y despistes. De todo corazón. Con todo afecto.*

Introducción

Hace unos años, José Pardinas, el extraordinario director de la revista *Muy interesante*, se puso en contacto conmigo. En el pasado, me había encargado algunos trabajos de divulgación histórica para su publicación y ahora acababa de tener una idea para una colaboración más continuada que, posiblemente, llegaría a interesarme. Se trataba de escribir dos páginas al mes en que se compendiara la vida de algún personaje histórico de especial relevancia. Sería la redacción de *Muy interesante* la encargada de seleccionar las figuras en cuestión, pero me prometía que me comunicarían la elección con la suficiente antelación como para que contara con el tiempo necesario para prepararlo. La idea me pareció verdaderamente interesante —todo lo que tiene que ver con la divulgación histórica suele causarme esa impresión— y, aun a costa de agobiar más mi ya abultadísima agenda, acepté.

La serie provocó reacciones inmediatas entre los lectores de *Muy interesante*. Por un lado, estaban los entusiastas a los que les parecía magnífico poder leer una biografía al mes redactada por mí; por otro, los que se sentían indignados por la manera en que aniquilaba sus iconos, ya se tratara de Napoleón o de Lenin. Tampoco faltaron los que se sintieron molestos, generalmente los mismos intransigentes que lloraban la destrucción de sus ídolos, porque no compartía sus fobias.

La colaboración se extendió durante un trienio y fue, desde mi punto de vista, muy fecunda, especialmente en la medida en que permitió acercar la Historia a la gente de la calle, una de mis tareas que disfrutan de más aprecio y repercusión populares. Finalmente, a inicios del verano de 2007, José Pardinas me comunicó que, después de todos estos años, habían considerado que la sección debía concluir. Todo lo que empieza tiene su final y consideré lo sucedido previsible, pero también me puse a pensar en la mejor manera de preservar aquellas colaboraciones. Fue así cómo surgió este libro.

En las páginas siguientes, he recogido algunas —no todas— de las colaboraciones que han aparecido en estos años en *Muy interesante,* aunque debo señalar algunos matices. Era muy común que la redacción de la revista me comentara que por razones como las ilustraciones o la publicidad había que acortar mi texto. Aquí aparece, por el contrario, completo, tal y como lo redacté originalmente para *Muy interesante*.

Debo decir que también he añadido algunos personajes que no fueron publicados por *Muy interesante* y que he redactado de manera especial para este libro.

Por último, he de señalar que he agrupado a los personajes en torno a polos históricos muy concretos. Desde la Inglaterra victoriana a la Reforma, desde los creadores de imperios a la Edad Media, en las páginas siguientes no sólo aparecen reflejadas figuras sino épocas, épocas que, por añadidura, han marcado de manera trascendental la Historia. Espero con estas humildes páginas acercarlas al lector de a pie. Si lo consigo, me sentiré más que satisfecho.

Madrid – Miami – Madrid, verano de 2007.

PRIMERA PARTE

Del monoteísmo a la democracia

Pocas ideas han resultado más resistentes al paso del tiempo que la creencia en un solo Dios, en el ámbito religioso, o la fe en la legitimidad del gobierno de la mayoría, en el político. De manera bien significativa, en la edad contemporánea, incluso el renacimiento de la democracia en Estados Unidos, a finales del siglo XVIII, estuvo íntimamente vinculado a una manera muy concreta de monoteísmo. Ambas ideas existían ya hace milenios y precisamente por su longevidad y por su perdurabilidad resulta obligado comenzar con ellas nuestro recorrido por la Historia.

CAPÍTULO PRIMERO
Moisés

Para muchos no pasa de ser una imagen cinematográfica unida al gesto impresionante de Charlton Heston. Sin embargo, no sólo logró imponerse sobre el imperio más impresionante de su época, sino que además dotó a Israel de una identidad nacional y de una legislación cuya vigencia permanece a día de hoy. Ningún pueblo, ninguna cosmovisión, ningún cuerpo de leyes —siquiera el derecho romano— han logrado esa supervivencia en el tiempo. La Historia cambió realmente con Moisés —y en un sentido positivo— como nunca lo hizo antes y pocas veces lo haría con posterioridad.

Se ha discutido mucho sobre la época concreta en que tuvo lugar la salida de Israel de la esclavitud de Egipto. Existen argumentos abundantes para pensar que tuvo lugar a mediados del siglo XV durante el reinado de Tutmosis IV y que, de manera bien significativa, implicó la ruina del poder egipcio durante décadas. Los mismos egipcios, de manera bastante lógica, no guardaron buen recuerdo del episodio y Manetón, en torno a un milenio después, prefirió explicar los hechos como una expulsión de gente indeseable. El guía de Israel, un pueblo sometido a la servidumbre por Tutmosis III, en esa aventura fue un hombre llamado Moisés. Tal y como relata la Biblia —y reconoce Manetón—, había disfrutado de una educación egipcia y, sin embargo, prefirió correr la suerte de los esclavos. Antes de que eso sucediera, sin embargo, tuvo que pasar por experiencias verdaderamente impresionantes como fueron el exilio de Egipto, después de matar a un guardián egipcio que maltrataba a los israelitas, y el encuentro con el Dios único en el monte Horeb.

A diferencia de otras divinidades, aquel Dios era invisible, carecía de forma y tan sólo se podía oír su voz procedente de una zarza que ardía, pero no se consumía. Fue precisamente aquel Dios que se le reveló como *Eyeh asher eyeh* («Yo soy el que soy») el que lo envió a Egipto. Por supuesto, el faraón no estaba dispuesto a dejar en libertad a los israelitas. Sólo una consecución ininterrumpida de desgracias —las famosas plagas— le arrastró a la conclusión de que era mejor que salieran de Egipto. Sin embargo, cuando los israelitas abandonaron el país del Nilo, el faraón se arrepintió y partió en su persecución. Tendría que haber aniquilado a sus antiguos siervos, pero lo cierto es que su ejército sufrió un desastre en el mar de las Cañas —y no el Rojo, como se suele decir equivocadamente— y los israelitas alcanzaron la ansiada libertad.

Moisés les había hablado de cómo Dios los conduciría a la Tierra Prometida de sus antepasados Abraham, Isaac y Jacob. Sin embargo, los israelitas no tardaron en encontrar ingrata la nueva vida. En Egipto, eran siervos, pero no les había faltado ni comida ni momentos de asueto. Ahora se vieron obligados a pasar por el desierto y a enfrentarse con una vida comunitaria mucho más disciplinada y estricta. Apenas sorprende que cuando llegaron al Sinaí y Moisés se dirigió a las cumbres para recibir la ley de manos de Dios —la Torah—, buena parte de los israelitas decidiera forjar una imagen a la que rendir culto. A fin de cuentas, siempre ha sido más fácil adorar una representación que a un Dios que no tiene perfiles, aunque la distancia espiritual entre una concepción y otra sea verdaderamente abismal.

Cuando Moisés descendió de las cumbres encontró a su pueblo sumido en una ceremonia de abierta idolatría. Pretendían adorar al Dios que los había sacado de Egipto, pero, en realidad, rendían culto a una simple fabricación humana. Airado, Moisés estrelló contra el suelo las tablas de piedra en las que estaban escritos los Diez Mandamientos y, acto seguido, procedió a eliminar a los idólatras. A pesar de todo, sus sinsabores no habían concluido. Cuando los israelitas llegaron a las fronteras de la Tierra Prometida, el desaliento se apoderó de ellos. Ciertamente, se trataba de un territorio fértil, pero no inhabitado, y sus pobladores les parecieron verdaderos gigantes. Con enorme pesar, Moisés llegó a la conclusión de que sus compatriotas, carentes de fe, no estaban, en absoluto, preparados para entrar en la Tierra.

Durante cerca de cuatro décadas, Israel se vio sometido a una existencia seminómada en la península del Sinaí. En el curso de ese tiempo, Moisés fue entregando al pueblo la Torah recibida del único Dios verdadero y educándolos en una nueva forma de vida, pero, una y otra vez, comprobó que los israelitas eran incapaces de vivir como un pueblo libre y recordaban con nostalgia la época de aquella esclavitud en que se habían hartado de pepinos y cebollas. Con enorme pesar, Moisés aceptó el hecho de que aquella generación no llegaría a poseer la Tierra. Sus hijos, ya nacidos en libertad, serían los encargados de consumar aquel proyecto vital.

Moisés sufrió también el mismo destino. Enfrentado con la murmuración, con los motines, con las miserias de la condición humana, con el paso imparable del tiempo, el propio Moisés fue perdiendo capacidad de gobierno. Un día, incluso recibió la orden de Dios de no entrar en la Tierra y de entregar el mando a un hombre más joven llamado Josué. Moisés, como tantas otras veces, se plegó a aquel Dios invisible que se le había manifestado en la zarza ardiente. Reconoció, a diferencia de tantos estadistas, que debía retirarse y lo hizo. A su muerte, fue sepultado en la cima del monte Horeb, pero, para evitar que lo convirtieran en objeto de culto, como sucedería con Napoleón o Lenin, se encubrió el lugar de su tumba.

Sin duda, el gran legado de Moisés fue, por encima de su papel en la liberación de Israel de la esclavitud, su legado contenido en la Torah, los cinco primeros libros de la Biblia. Como sucedió con Homero (¡o con Cervantes!), ha habido épocas en que se ha discutido que la Torah fuera obra de Moisés y se ha procedido a atribuirla a distintos autores anónimos. Por supuesto, hasta la fecha nadie ha podido identificar a los supuestos redactores ni tampoco ponerse de acuerdo sobre lo que escribieron exactamente. Lo que explica que semejante teoría resulte de muy difícil aceptación para el investigador sensato e imparcial. Para colmo, como han señalado distintos investigadores, la Torah disfruta de una coherencia interna que obliga a pensar en un solo autor, una tesis que incluso fue sostenida con ayuda de la informática por autores como Yehudah Raddai.

La Torah se divide en cinco libros. El primero, Génesis, narra los orígenes del mundo y del pueblo de Israel y, de manera bastante significativa, se diferencia de otros relatos del Antiguo Oriente por su elevado contenido ético y la ausencia de referencias mitológicas. El segundo libro, Éxodo, describe la esclavitud de Israel, la revelación de Dios a Moisés y la salida de Egipto, pero también contiene la Torah en virtud de la cual vivirían los israelitas. Este conjunto de normas aparece recogido en los capítulos del 21 al 23 e incluye los denominados Diez Mandamientos (Éxodo 20), consistentes en: 1. Tener un solo Dios y rendirte sólo culto a él; 2. No hacer imágenes ni rendirles culto; 3. No tomar el nombre de Dios en vano; 4. Acordarse del día de descanso semanal que debía favorecer incluso a siervos, emigrantes y animales; 5. Honrar al padre y a la madre; 6. No matar; 7. No cometer adulterio; 8. No hurtar; 9. No levantar falso testimonio, y 10. No codiciar ningún bien del prójimo. Asimismo, en las disposiciones entregadas por Dios a Moisés se limita la duración de la esclavitud a un máximo de siete años, que deben ser seguidos por una indemnización del antiguo dueño (Éxodo 21), se incluyen normas que castigan los atentados contra la libertad, la vida y la integridad de las personas

(Éxodo 21), se establece la obligación de restituir en da-
ños y hurtos, se incluyen una serie de leyes humanitarias
que incluyen desde la prohibición de oprimir a extranjeros o de prestar con interés a la proscripción de las brujas
o normas de carácter ecológico (Éxodo 22). Por último,
los capítulos 24-31 señalan las tres fiestas religiosas anua-
les que han de celebrar los israelitas y la manera en que
debían fabricarse diversos objetos de culto como el arca
del testimonio, la mesa de los panes de la proposición, el
candelabro, el tabernáculo, el altar de bronce, etc. Precisamente mientras Moisés estaba recogiendo la Torah los
israelitas decidieron romper su relación con el Dios que
les había salvado de la servidumbre en Egipto y fabrica-
ron un becerro de oro (¿una referencia al buey Apis egipcio?) al que rindieron culto (Éxodo 32). Aquel episodio
significa la primera fractura de importancia entre Israel y
el Dios que desea suscribir un pacto con ellos, y es asimismo ocasión del primer enfrentamiento entre israelitas en
el que corre la sangre. Los capítulos 33-34 narran cómo
el pacto entre Dios e Israel es, no obstante, renovado y los
35-40 describen la construcción del tabernáculo con todos sus aditamentos.

El tercer libro de la Torah o Levítico constituye una
obra de lectura especialmente ardua. Como su nombre
indica está referido en su mayor parte a disposiciones relacionadas con la tribu de Leví, de la que procedían los
sacerdotes de Israel. Tras referirse a los holocaustos (Levítico 1), el libro describe las ofrendas que pueden ser de
paz (Levítico 3), por el pecado (Levítico 4) y expiatorias
(Levítico 5). Asimismo indica las disposiciones relativas a

los sacrificios (Levítico 6-7). Los capítulos 11-15 contienen diversas normativas de carácter médico que abarcan desde el terreno de la dietética (la división entre animales puros e impuros) al de la ginecología y las enfermedades contagiosas. El capítulo 16 cuenta con una especial importancia, ya que en él se establece la existencia de un día anual de expiación durante el cual todos los pecados del pueblo deben ser cargados sobre un animal sin defecto al que se ofrece en sacrificio. Los capítulos 18-20 contienen normas que van desde cuestiones sociales a la prohibición de conductas sexuales reprobables como el incesto, el adulterio, la homosexualidad o la zoofilia (Levítico 18). Los capítulos 21-24 contienen, por su parte, diversos preceptos en relación con el servicio religioso y el sacerdocio. El capítulo 25 es, al igual que el 16, uno de los más relevantes de este libro. En él se establece el hecho de que la propiedad de la tierra sólo puede atribuirse a Dios y que por tanto los hombres no pueden nunca pasar de ser sus administradores. Además se estipula que la tierra debe descansar cada siete años y —lo que es más importante— que han de perdonarse las deudas económicas cada cincuenta años y devolverse a sus primeros poseedores la tierra que se hubieran visto obligados a vender en ese plazo de tiempo. Finalmente, los capítulos 26 y 27 están dedicados a advertir acerca de las bendiciones y de las maldiciones derivadas de servir a Dios y a dar algunas disposiciones sobre cosas que le hayan sido consagradas.

El cuarto libro de la Torah o Números debe su nombre al hecho de que los capítulos iniciales se refieren al censo, o numeración, de las tribus israelitas. Cronológicamente, la obra puede dividirse en tres secciones. La primera (1, 1-10, 10) relata los últimos días transcurridos en las cercanías del monte Sinaí y el censo de Israel. La segunda (10, 11-20, 13) refiere la historia de Israel a lo largo de un período de cerca de treinta y ocho años en que el pueblo permanece sometido a un comportamiento nómada al fracasar por su falta de fe en su primer intento de entrar en la Tierra. Finalmente, la tercera (21, 1-36, 13) recoge alguna normativa legal, así como el relato de las primeras conquistas israelitas en las cercanías de la tierra de Canaán.

El último libro de la Torah, Deuteronomio, constituye una repetición de las leyes mosaicas al pueblo de Israel que, una generación después de su salida de Egipto, se encuentra a punto de entrar en la Tierra Prometida. Los capítulos 1-4 constituyen una recapitulación de la historia de Israel en los años de peregrinación por el desierto. Los capítulos 5-6 repiten los Diez Mandamientos y contienen una clara exhortación en favor de cumplir las leyes y los estatutos divinos. En esta sección se incluye la famosa *Shemá,* que no es sino la primera palabra en hebreo de la fórmula que afirma «Escucha, Israel: YHVH nuestro Dios, YHVH es uno» y que constituye un auténtico epítome de la fe de Israel. Los capítulos 7-26 recogen a continuación un código de leyes que incluye desde leyes dietéticas (Deuteronomio 14) a normas sociales (Deuteronomio 15) o disposiciones sobre las fiestas (Deuteronomio 16) o la castidad (Deuteronomio 22). Los capítulos 27 y 28 están redactados siguiendo el modelo de los pactos existentes en la época de Moisés —lo que constituye un argumento en favor de la historicidad del libro— en los que se anuncia la recompensa del que guarde lealtad al Pacto y el castigo del que lo desobedezca. La última sección de Deuteronomio (capítulos 29-34) está formada por los últimos discursos de Moisés, la designación de Josué como su sucesor, el Cántico de Moisés, la bendición pronunciada por éste sobre Israel y el relato sobre su muerte y sepultura. Cuando ésta tuvo lugar, había sembrado en la Historia una semilla cuyos frutos, aunque imperfectos, persisten a día de hoy.

Las ideas clave en la Torah

Las líneas maestras de la Torah tienen una vigencia que nos golpea con la contundencia de un trallazo. En primer lugar, llama extraordinariamente la atención el alto concepto que la Torah tiene del ser humano. Así, la Torah afirma que éste fue creado a imagen y semejanza de Dios y que, precisamente por ello, está llamado a ejercer su destino transformando la creación que le rodea. Lejos de ser un número o una estadística, cada hombre, cada mujer, prescindiendo de su cultura, de su raza o de su época, lleva impresa en sí la imagen y la semejanza del Ser Supremo. En segundo lugar, la Torah es poderosa y provocadoramente desmitologizadora en sus relatos. Para cualquiera que conozca mínimamente el carácter de los textos cosmogónicos y mitológicos de la Antigüedad (uno se atrevería incluso a decir que también de la época actual) no deja de ser refrescante la lectura de libros como Génesis o Éxodo. En el primero, las fuerzas de la Naturaleza, los astros o los animales no son dioses como en Mesopotamia y Egipto, como en Grecia y Roma, como en China o la India. Se reducen simplemente a la condición de elementos naturales creados por el único Dios y con los que el ser humano ha de enfrentarse quizá día a día pero nunca en régimen de veneración. Los filósofos griegos condenados por afirmar que el sol no era sino una bola de fuego y no un dios jamás hubieran sufrido ese destino en Israel. En el segundo de los libros de la Torah, el Éxodo, esa desacralización alcanza también al poder político. El faraón podía ser considerado un dios por sus contemporáneos —de hecho, así era efectivamente— pero, en realidad, no pasaba de ser un mortal reconcomido en ocasiones por los peores defectos humanos, y dispuesto para mantener su poder a utilizar la opresión y el genocidio. En su poder no había, por lo tanto, nada de sagrado, sino más bien de diabólico. A partir de ese punto de partida, todo culto estatal —sea cual sea el carácter de éste— no puede ser calificado sino de perversidad e idolatría.

En tercer lugar, la Torah, a diferencia de distintas corrientes ideológicas y religiosas, presenta una visión buena del mundo material. Es consciente y así lo indica en Génesis 3-4 de que el pecado del ser humano ha provocado una alienación de éste en relación con Dios, sus semejantes y el cosmos, pero, a la vez, considera que, incluso dañado, este mundo conserva buenas cosas que ofrecer al hombre. No deja de ser significativo al respecto que el trabajo no sea considerado en el relato del Génesis como una consecuencia de la Caída —como algunos desconocedores del texto se empeñan en afirmar—, sino como una actividad que el hombre llevaba a cabo incluso en su estado de felicidad prístina. Al fin y a la postre, el ser humano no ha sido llamado a la inactividad, sino, por el contrario, a la realización de un trabajo en esta vida.

En cuarto lugar, la Torah lleva implícita una visión de la Historia y de la existencia particular de cada ser humano que dota a ambas de sentido. En ningún momento oculta sus aspectos negativos y, de hecho, en sus relatos nos encontramos con episodios que van desde el fratricidio a la violación pasando por el engaño, la opresión o la idolatría. Sin embargo, persiste la idea de que incluso en sus momentos más aparentemente absurdos, la existencia humana posee un significado que le proporciona su sentido.

Finalmente, la Torah es extremadamente importante por dos repercusiones religiosas —aparte del monoteísmo— realmente radicales. La primera de ellas es que su legislación religiosa introduce unos elementos éticos que no solamente son sustanciales, sino que además rebasan el área de las relaciones interpersonales para entrar en el terreno más complejo de lo social. Como en otros códigos religiosos, la Torah prohíbe el adulterio y el hurto, el falso testimonio y el homicidio, la homosexualidad y las lesiones. En eso quizá poco tiene de original. Sin embargo, sí nos encontramos con chocantes peculiaridades. Junto con la insistencia en vedar la fabricación y el uso de imágenes para el culto, se caracteriza por un profundo sentido social que prácticamente resulta desconocido en las legislaciones hasta el siglo XX. La segunda repercusión, tremendamente fecunda en términos de la Historia de las religiones, consiste en el hecho de que la Torah afirma que los pecados sólo pueden ser expiados mediante el sacrificio de un ser perfecto y sin mancha que recibe la muerte en lugar del pecador. Como señala el libro de Levítico, «la sangre hará la expiación» (Levítico 17, 11). Realmente ningún ser humano puede pretender alcanzar la salvación por sus propios medios, ya que todo depende de la benevolencia de Dios.

Transmitidas al Occidente pagano en su mayor medida a través del cristianismo, las líneas fundamentales de reflexión, pensamiento y enseñanza de la Torah han ido impregnando de manera más o menos profunda el desarrollo de la cultura occidental. En la negativa a ver en la Naturaleza otra cosa que fenómenos naturales y no fuerzas divinas, en la crítica diseccionadora del poder para hallar en él lo que tiene de humano por debajo del ropaje de la propaganda, en la insistencia en imbricar valores éticos con los meramente rituales, en la confianza en que la Historia cuenta con un desarrollo lineal y tiene sentido por más que los sinsentidos se acumulen, e incluso en el concepto religioso que afirma que el ser humano sólo puede obtener su salvación por la muerte de alguien perfecto sacrificado en su lugar, el occidental de hoy en día no es heredero de Grecia y Roma, sino de la Torah. No es de extrañar por ello que a milenios de su redacción, incluso para aquellos que no son creyentes, la Torah siga siendo una luz para los que meditan en ella.

CAPÍTULO SEGUNDO

Pericles

Descendiente de familias privilegiadas, Pericles obtuvo los mayores logros para la sociedad ateniense, y todo ello bajo los ropajes de la democracia. Sin embargo, a la vez, y a pesar de que con él la democracia alcanzó su cima, dejó de manifiesto también sus limitaciones y, sobre todo, su incierto futuro. Tras él, se convirtió en un sistema condenado que sólo volvería a emerger milenios después.

Pericles nació cerca de 495 a. J.C., descendiente de las familias de los Buzigos y los Alcmeonidas. Su padre, Jantipo, había combatido en la batalla de Micala (479 a. J.C.) en la que los persas habían sido derrotados por las fuerzas griegas. Educado por Damón de Oa y por Anaxágoras, Pericles era partidario de la democracia, pero, a diferencia de los demagogos que solían realizar jugadas políticas de breve duración, imaginó un vasto sistema político en el que su autoridad personal recibiera un respaldo del pueblo o *demos*. Esa concepción especial explica que Pericles gobernara cerca de treinta años y que fuera reelegido estratega quince años seguidos. Por lo que se refiere a sus poderes, no fueron menos que los que detentó el tirano Pisístrato, si bien es cierto que no superó el margen de la legalidad. Como señalaría Tucídides, Atenas «en apariencia, era una democracia; en realidad, el gobierno de uno solo».

La base fundamental del nuevo sistema de Pericles fue el aumento del gasto público que permitió la realización de importantes construcciones, la remuneración de los oficios públicos y el empleo de gente sin trabajo. Lo que algunos han denominado un «estado del bienestar» ateniense era, en realidad, la creación de un inmenso sistema clientelar que aseguraba el respaldo electoral de Pericles. Los paralelos contemporáneos resultan tan obvios que no merece la pena señalarlos. Para hacer frente a los cuantiosos gastos del sistema ideado por él, recurrió a los beneficios de las minas de plata de Laurión —su descubrimiento resultó verdaderamente un regalo de la divinidad para Pericles— y al aumento de las cargas fiscales de los ciudadanos acomodados hasta límites verdaderamente agobiantes.

A pesar de todo, Pericles —y de nuevo en esto se diferenciaba de los demagogos— fue consciente de las limitaciones de su sistema. Por ejemplo, se percató de que el número de ciudadanos no podía crecer mucho fundamentalmente por los beneficios que comportaba esa condición y que no se podían otorgan *ad infinitum*. Así, una ley del año 451 a. J.C. reservó la ciudadanía a los que eran hijos de padre y madre ciudadanos. Los inmigrantes o los hijos de matrimonios mixtos no podían aspirar a recibir un subsidio —o un trabajo— del Estado. De la misma manera, Pericles fue consciente de que la democracia exigía competencia para solucionar buena parte de sus problemas. Por lo tanto, el pueblo sin formación se vio apartado de determinados cometidos públicos como el cargo de estratega. Finalmente —y esto fue resultando más claro a medida que pasaban los años— aquella política de gasto público, para mantenerse, debía asentarse en una vigorosa política exterior que consagró el papel imperial (no pocos dirían imperialista) de Atenas.

Precisamente esa suma de circunstancias obliga al historiador a perfilar un juicio muy matizado de Pericles. Por un lado, a él se debieron las grandes obras de la Acrópolis —como el Partenón— y el engrandecimiento artístico extraordinario de una polis como Atenas. Nunca había llegado a tanta altura la ciudad y nunca llegaría a superarla. Por otro, sin embargo, los aspectos negativos no pueden ocultarse. El gasto público resultó insoportable y la única salida para mantenerlo —de ello dependía la reelección de Pericles por parte de un *demos* que recibía sus beneficios y le votaba— fue trasladar la carga a otras ciudades aliadas de Atenas. No sorprende que semejante acción acabara provocando resentimientos ni tampoco que éstos fueran capitalizados por Esparta, la gran rival de Atenas.

En el año 431 a. J.C. estalló la guerra del Peloponeso, que tenía como finalidad sacudirse el peso ateniense. Pericles estaba convencido de que Esparta, mucho más pobre, acabaría desgastándose en aquel conflicto y defendió la tesis de permitir que asolara el país mientras la población encontraba refugio en el interior de Atenas. En

430 a. J.C., se produjo una epidemia de peste en la superpoblada Atenas y Pericles perdió el respaldo del *demos*. De hecho, fue destituido de su cargo, juzgado y multado por malversación de fondos públicos. El castigo, seguramente, era justo. Sin embargo, la Atenas que había gobernado durante casi tres décadas no sabía ya cómo vivir sin él. Fue reelegido estratega en 429 a. J.C., aunque ya no permaneció mucho tiempo en el poder. Murió poco después a causa de la propia peste. La democracia apenas lo sobreviviría. Padecería convulsiones diversas hasta convencer a los grandes atenienses —Platón y Jenofonte entre ellos— de la imposibilidad de evitar su deslizamiento hacia una intolerable demagogia. Quizá ése fuera el legado más duradero —y no precisamente más positivo— de Pericles.

Aspasia de Mileto (c. 470-410 a. J.C.)

Pericles jamás sonreía y sólo lloró dos veces en su vida, sin embargo, no puede decirse que fuera incapaz de tener sentimientos. Prueba de ello es su historia de amor con Aspasia. Nacida en la ciudad griega de Mileto, Aspasia era célebre por su belleza e inteligencia. Sin embargo, su relación con Pericles fue muy criticada. Por un lado, había sido cortesana durante bastante tiempo y, por otro, acabó forzando el divorcio de Pericles. Convertida en una anfitriona excepcional, reunió en torno a su marido a los personajes más cultos y relevantes de Atenas. Sin embargo, no todo fue positivo en ella. Se le envidió y se le criticó, y lo cierto es que su influencia no fue desdeñable y quizá resultó determinante en la política exterior de Atenas que provocó la guerra del Peloponeso. Tampoco se detuvo a la hora de saltar los límites legales. Por ejemplo, el mismo Pericles que limitó la ciudadanía a los hijos de padres atenienses obtuvo de la polis todos los derechos de ciudadanía para el vástago que tuvo con Aspasia. Tras la muerte de Pericles por la peste, Aspasia se casó con el demócrata Lisides. La vida, a fin de cuentas, proseguía.

SEGUNDA PARTE

Los imperios universales

La Antigüedad no fue sólo la época en que surgieron las grandes concepciones espirituales y políticas. Fue también la era en que aparecieron los grandes proyectos internacionales, proyectos copiados con desigual fortuna hasta el siglo XX. En las siguientes páginas, he recogido tres de esos proyectos. El primero, nacido de Alejandro Magno, constituyó el primer proceso de globalización de la Historia; el segundo, forjado por César, fue la base del imperio más importante de la Antigüedad; y el tercero, concebido por Cleopatra, constituyó un intento —fallido— de impedir el segundo volviendo al primero. Por increíble que pueda parecer, nuestra cultura actual debe mucho más a Alejandro y a César que a Napoleón y a Marx. Por algo será...

CAPÍTULO TERCERO

Alejandro

Joven, culto, intrépido, audaz... Alejandro sigue siendo origen de la inspiración de historiadores y novelistas. En muchos aspectos fue un tradicionalista arcaizante que miraba constantemente al pasado; en otros, tenía una mentalidad tan avanzada como la de un neoyorquino del siglo XXI. Genial e incapaz de controlarse, no deja de provocar nuestra atención.

Hijo de Filipo II de Macedonia, Alejandro fue educado por Leónidas, Lisímaco y, sobre todo, Aristóteles. Gran conocedor de Homero —Aquiles era su referente moral— y de Herodoto, fue asociado muy pronto a las tareas de gobierno por su padre (340 a. J.C.). Dos años después, mandó la caballería macedonia en la batalla de Queronea, donde Filipo II consiguió someter a las ciudades griegas que aún se resistían. Aquella carrera fulgurante se enfrentó con un grave peligro cuando su padre decidió contraer nuevo matrimonio, un enlace del que podía nacer un hijo al que convertir en heredero en lugar de Alejandro. Por añadidura, la nueva mujer era macedonia, a diferencia de la madre de Alejandro, Olimpia, que era del Epiro. No sorprende que el episodio contribuyera decisivamente a tensar las relaciones entre Filipo II y Alejandro. Parece, sin embargo, que la reconciliación se había producido cuando en 336 a. J.C. Filipo II fue asesinado. Hoy en día, sigue discutiéndose quién estuvo detrás del magnicidio. Lo cierto, sin embargo, es que permitió que Alejandro se sentara en el trono de Macedonia. No se trataba, desde luego, de un empeño fácil. La Grecia sometida por Filipo II aprovechó para sublevarse convencida de que el rey adolescente no podría someterla. Se equivocó fatalmente. Alejandro reaccionó con extraordinaria rapidez y aplastó la resistencia sin piedad. Y entonces decidió poner en marcha un proyecto que quizá había concebido su padre y que podría unir a toda Grecia: el ataque al agresor persa.

Durante más de un siglo, Persia había sido una amenaza continua para los griegos. No sólo había sometido sus colonias en Asia Menor e invadido su territorio europeo, sino que no había perdido ocasión de intervenir en sus asuntos internos para enfrentarlos y debilitarlos. Ahora aquel joven monarca les ofrecía la oportunidad de vengar aquellos agravios liberando además a los griegos dominados por Persia.

Basándose en una unidad militar revolucionaria que recibirá el nombre de falange macedonia y que había permitido a su padre apoderarse de Grecia, Alejandro causó una derrota tras otra a los persas. Comenzó sus victorias en Gránico —con lo que liberó Asia Menor— y continuó en Issos (333 a. J.C.), donde el rey Darío III apenas logró escapar de la captura en Tiro y Egipto, donde el macedonio fue aclamado como hijo del dios Amón. En 331 a. J.C., Darío III le salió al paso en Gaugamela. Las fuerzas persas eran muy superiores, pero, una vez más, la victoria macedonia resultó aplastante. El monarca persa huyó, pero sólo para encontrar la muerte a manos de otros persas que deseaban congraciarse con el vencedor. En los meses siguientes, Susa y Persépolis, las ciudades más importantes del Imperio persa, cayeron en manos de Alejandro que, acto seguido, se adentró en Asia central.

Para los pueblos extranjeros sometidos a Persia, Alejandro apareció como un soberano más que correcto y no tuvieron inconveniente en aceptar su gobierno. El macedonio se comportó entonces con especial inteligencia. Mantuvo en buena medida la eficaz administración persa y aceptó también sus costumbres, pero en ellas impuso el uso de la lengua y la cultura griegas y el control del ejército. Se producía así el primer intento de globalización de la Historia.

No todo fueron satisfacciones para el joven conquistador. Desde 330 a. J.C., se vio obligado a desarticular una conjura tras otra. Los macedonios no sólo estaban cansados de guerrear, sino que además encontraban intolerable que Alejandro pretendiera ser objeto de *proskynesis* o adoración como si se tratara de un dios cuando, a pesar de sus extraordinarias cualidades, no pasaba de ser un simple hombre. Embriagado en una fiesta, Alejandro llegó a matar a su amigo Clito, que le mostró su indignación por su carácter despótico. Alejandro quedó sumido en la tristeza tras consumar la atrocidad e incluso pensó en suicidarse. Sin embargo, el deseo de seguir conquistando tierras se impuso. En tan sólo tres años, las fuerzas de Alejandro, escasas y reducidas por el guerrear continuo, se apoderaron de las actuales Afganistán, Beluchistán y el Turkestán ruso.

En 326 a. J.C., se adentró en la India por el Punjab. A esas alturas, las tropas de Alejandro se sublevaron. No puede extrañar. Llevaban una década de combates y, por añadidura, habían ido contemplando cómo su jefe adoptaba poco a poco las señas del despotismo oriental tan repulsivo para los griegos. Con su habitual habilidad, Alejandro logró calmar a sus hombres. Acto seguido, construyó una flota y bajó navegando el Hydaspes en dirección al Indo. Ese mismo año, Alejandro derrotaría al rey indio Poros a pesar de que disponía de un ejército dotado de elefantes.

En 324 a. J.C., Alejandro se hallaba en el golfo Pérsico, donde sumó nuevas conquistas, pero el cansancio de sus tropas y el descontento de sus generales iban en aumento. En los últimos tiempos, el rey había comenzado a beber desmedidamente, insistía en su carácter divino e incluso había reprimido alguna conspiración que, a ciencia cierta, no se sabe si era real o ficticia. Es muy posible que hubiera entrado en un proceso de deterioro mental que algunos historiadores han atribuido a las secuelas derivadas de las heridas de guerra.

En la primavera de 323 a. J.C., Alejandro se encontraba en Babilonia. Allí falleció a las pocas semanas. Tenía treinta y dos años de edad. Las causas de su muerte no se han podido determinar con absoluta certeza y se han formulado teorías que van del envenenamiento a una enfermedad vírica conocida como la fiebre del Nilo pasando por una malaria derivada en leucemia.

El imperio de Alejandro no sobrevivió como entidad política —en 309 a. J.C. fue asesinado su último descendiente— y casi de manera inmediata quedó dividido entre sus generales. Sin embargo, la presencia de la cultura griega desde Macedonia a la India permanecería prácticamente inalterados hasta el surgimiento del islam y facilitaría la expansión de Roma. Venerado durante la Edad Media y el Renacimiento, en no escasa medida, la influencia de Alejandro ha perdurado hasta el día de hoy.

El carácter de Alejandro

Una de las preguntas que más subyuga al historiador es la relativa al verdadero carácter de Alejandro. ¿Era un maníaco? ¿Padecía un complejo de Edipo irresuelto? ¿Era incapaz de controlar sus pasiones? A decir verdad, las fuentes permiten trazar un perfil bastante seguro del conquistador. Hombre muy religioso (todos los días ofrecía sacrificios a los dioses, por ejemplo), era valiente, audaz, desprendido, generoso, frugal, humanitario y culto. Esas circunstancias explican la enorme popularidad que tuvo entre los pueblos conquistados, a los que trató con respeto, a pesar de que supo imponerles un proceso de helenización que, posteriormente, sería aprovechado por Roma. Sin embargo, no es menos cierto que el paso del tiempo fue cambiándolo y que manchas como el incendio de Persépolis o la muerte de Clito son innegables. Quizá es cierto que su mente se había trastornado por un golpe en el cuello, o quizá el poder tiene un efecto enfermizo sobre aquellos que lo ejercen.

CAPÍTULO CUARTO
César

*General invencible, brillante orador, escritor elegante, políti-
co excepcional... Julio César fue considerado durante siglos
un ejemplo incomparable de hombre público. Sólo entrado el
siglo XX su figura se vio cuestionada y asemejada a la de algunos dictadores contemporáneos pero, en realidad, ¿qué era
César? ¿Héroe o villano?*

Cayo Julio César nació en Roma en el año 100 a. J.C., en
el seno de una familia patricia que pretendía estar emparentada nada menos que con la diosa Venus. Semejante
circunstancia no dejaba de resultar peculiar en la medida
en que los parientes de César pertenecían al partido de
los populares, que deseaba ampliar los derechos de los
plebeyos. Un tío de César fue nada menos que el general
Mario, gran reformador del ejército y adversario de Sila
en una de las guerras civiles que caracterizaron las últimas
décadas de la república en Roma. Por si fuera poco, César contrajo matrimonio con Cornelia, hija de Cinna,
otro popular.

La guerra civil había concluido con la derrota de los populares y Sila, convertido en dictador, ordenó a César que se divorciara. El joven patricio desobedeció la orden y se vio obligado a abandonar la capital hasta el año 78 a. J.C., cuando Sila había dejado el poder. Los siguientes años los dedicó César a formarse en materias como la oratoria —que estudió en Rodas— y a iniciar su carrera política. En 69 a. J.C. fue elegido cuestor y cuatro años después edil, un cargo en el que se granjeó una enorme popularidad con la celebración de festejos públicos. Los gastos de esas actividades no corrían —a diferencia de lo que sucede ahora— a costa del presupuesto público, sino que eran sufragados por particulares y César se vio obligado a pedir dinero prestado a Craso, un acaudalado patricio. De esta relación surgió una amistad a la que se vio asociado Pompeyo, un prestigioso general que, como Craso, había sido cónsul.

En 60 a. J.C., tras regresar de Hispania donde había sido gobernador, César formó con ellos el denominado primer triunvirato, una alianza que debería permitirles dominar Roma. Resultados directos de este pacto fueron el matrimonio de Pompeyo con Julia, una hija de César, y la elección de éste como cónsul en 59 a. J.C. y al año siguiente como gobernador de la Galia. En teoría, el puesto de César no tenía una especial relevancia, ya que la Galia sometida a Roma era un territorio pequeño y tranquilo. Sin embargo, durante los siete años siguientes, César se apoderó del resto de las Galias —lo que incluía no sólo la actual Francia, sino también Bélgica y Suiza—, penetró en Germania y desembarcó en Britannia. Conocedor de la importancia de la propaganda, César supo dar un especial relieve a sus conquistas a través de sus *Comentarios sobre la guerra de las Galias*, escritos con un estilo extraordinariamente preciso y elegante.

La muerte de Julia en 54 a. J.C. y la de Craso al año siguiente en el curso de una expedición contra los partos precipitaron el final del triunvirato. En 52 a. J.C., la vieja oligarquía republicana eligió cónsul a Pompeyo y decidió destituir a César con la intención de evitar el triunfo del partido de los populares. César sugirió que tanto él como Pompeyo abandonaran el poder, pero el Senado respondió exigiéndole que disolviera su ejército si no deseaba ser considerado enemigo público. Los tribunos de la plebe —aliados de César— vetaron la resolución, pero el Senado los expulsó y decidió continuar con sus propósitos. La respuesta de César fue cruzar un minúsculo arroyuelo que marcaba la frontera, el Rubicón, en 49 a. J.C., con lo que dio inicio la guerra civil.

Las fuerzas de Pompeyo eran muy superiores numéricamente, pero éste decidió marchar a Grecia para reordenar la contraofensiva. César aprovechó esa circunstancia para en tres meses aniquilar a los pompeyanos en Italia e Hispania y luego medirse con su rival en Farsalia, Grecia. La batalla —una de las más decisivas de la Historia universal— fue desfavorable a Pompeyo, que huyó a Egipto, cuyo último rey, Ptolomeo Auletes, había sido amigo suyo. Sin embargo, el hijo de Ptolomeo consideró más prudente asesinar a Pompeyo para complacer a César. Fue un grave error. Aquella villanía convenció a César de lo poco recomendable que era el nuevo Ptolomeo como aliado y le llevó a apoyar a su hermana Cleopatra. En el curso de aquella guerra de Alejandría, César convertiría a la joven egipcia en su amante —de ella tendría un hijo llamado Cesarión—, y a Egipto, en un protectorado romano.

En 47 a. J.C., César derrotó a Farnaces, rey del Ponto, en una campaña relámpago que definió con la frase *Veni, vidi, vici* («Llegué, vi y vencí») y regresó a Roma. A esas alturas era obvio el triunfo del partido de los populares y el final del dominio patricio, si bien éste no se vio acompañado de represalias políticas ni ejecuciones. César había acumulado ciertamente un enorme poder personal —dictador perpetuo, sumo pontífice, *imperator...*—, pero lo utilizó con una notable moderación. Por añadidura, llevó a cabo un amplio programa reformista que incluyó la eliminación del sistema impositivo vigente, la reforma del calendario y la ampliación de la ciudadanía. Como indicaría Syme, estaba llevando a cabo una verdadera revolución que implicaba el final de la vieja clase política de la república y, lógicamente, ésta reaccionó. Durante los idus de marzo de 44 a. J.C. un grupo de senadores que incluía a Casio y a Marco Bruto —quizá hijo bastardo de César— lo asesinó a puñaladas al entrar en el Senado. Todo sucedía unos días antes de que César marchara a una nueva campaña contra los partos para vengar la muerte de Craso.

Totalmente distante de los dictadores del siglo XX, César no llevaba guardaespaldas y ni siquiera iba armado. Su muerte no significó, sin embargo, el final de su obra. En realidad, la república estaba herida de muerte y el paso hacia el poder personal era irreversible. Sería su sobrino Augusto el encargado de convertirlo en una realidad que duraría siglos.

El genio

La figura de Cayo Julio César fue considerada durante siglos como un paradigma de las virtudes viriles. A su extraordinario genio militar se sumaban una habilidad política nada común, un poder oratorio inmensamente persuasivo y una capacidad literaria envidiable. Sin embargo, lo que llamó especialmente la atención de generación tras generación fue el cúmulo de cualidades personales que lo caracterizaban. César era capaz de tomar decisiones acertadas con enorme rapidez, de pasarse noches enteras sin dormir, de someterse a una impresionante frugalidad y, a la vez, de citar de memoria a los clásicos, escribir mientras iba montado a caballo y seducir a las más diversas mujeres. Que todo aquello —y mucho más— surgiera de un personaje que había sido enclenque y enfermizo en su niñez resulta aún más sorprendente y explica por qué Cervantes pudo considerarlo paradigma del militar; Shakespeare, convertirlo en héroe de una de sus tragedias; Napoleón, adoptarlo como modelo, y Dante, por el contrario, no se atrevió a condenarlo al infierno. Ni siquiera la Revolución francesa cuestionó su figura considerando que había sido un impulsor del cambio social. La crítica contra César tendría que esperar al marxismo —¿cómo tolerar semejante individualidad en una visión colectiva de la Historia?—, y se agudizó al identificarlo con dictaduras como la de Mussolini. Semejante anacronismo distaba mucho de hacer justicia a una de las figuras más fascinantes de la Historia.

CAPÍTULO QUINTO

Cleopatra

A mediados del siglo I a. J.C., la hegemonía de Roma en el Mediterráneo se encontraba sólidamente asentada. Entonces, de manera inesperada, una mujer desafiaría el poderío romano en un intento de resucitar el imperio de Alejandro Magno. Se llamaba Cleopatra y su nombre —que sería recordado por autores como Bernard Shaw o William Shakespeare— conserva hasta el día de hoy un extraño poder de sugestión.

La victoria sobre Cartago y, en práctico paralelo, sobre las monarquías orientales herederas del imperio de Alejandro Magno convirtió a la joven potencia romana en la dueña absoluta del Mediterráneo en apenas unas décadas. A mediados del siglo I a. J.C., todos los estados del Mare Nostrum eran aliados de Roma aunque, a decir verdad, no pocos hubieran deseado prescindir de su presencia. Semejante posibilidad resultaba totalmente quimérica, en parte, por los beneficios indudables derivados de la *pax romana*, en parte, por la potencia militar incomparable de sus legiones y, en parte también, porque no existía ninguna alternativa política que pudiera vertebrar esa animadversión. Entonces, de manera inesperada, la situación cambió apenas tres décadas antes del nacimiento de Cristo. La protagonista absoluta de ese quiebro de la Historia fue una mujer de treinta y cinco años llamada Cleopatra.

Había nacido en el año 69 a. J.C. Su infancia fue muy dichosa y resulta fácil entenderlo ya que fue la hija preferida de su padre, un obeso y melómano rey llamado Ptolomeo XII. Conocido popularmente como *Auletes* (el flautista) por su afición a la interpretación musical, Ptolomeo murió en 51 a. J.C., dejando a Cleopatra sumida en una complicada situación familiar. Tanto su hermano Ptolomeo —que ocupaba el trono conjuntamente con ella— como su hermana Arsinoe la consideraban una rival peligrosa y al cabo de tres años lograron empujarla al exilio. Un personaje menos combativo que Cleopatra hubiera aceptado quizá con resignación la desgracia. No fue, desde luego, su caso. Aunque su sistema nervioso comenzó a alterarse por aquel entonces —quizá por el miedo a ser asesinada—, Cleopatra decidió dar la batalla a su hermano y reunió un ejército en Siria. A decir verdad, las posibilidades que tenía Cleopatra de imponerse a sus rivales eran mínimas, pero entonces se produjo un acontecimiento que cambió su suerte. En el curso de la guerra civil romana, César derrotó a Pompeyo en Farsalia y éste decidió emprender la huida hacia Egipto dado que tenía una antigua amistad con la dinastía reinante. No estaba dispuesto el rey Ptolomeo a crearse problemas con el vencedor, de manera que asesinó fríamente a Pompeyo, pero aquel acto vil no le granjeó la amistad de César. Por el contrario, cuando éste desembarcó a su vez en Alejandría no dudó en recibir a Cleopatra —que, según la leyenda, se introdujo clandestinamente en su morada en el interior de una alfombra— y tardó poco en convertirla en su amante. Ptolomeo, que conocía a su hermana y olfateaba el peligro, provocó en seguida una rebelión nacionalista cuyo combustible era el odio hacia Roma, pero con semejante acción sólo consiguió allanar el camino del trono a su rival. César desbarató a las fuerzas egipcias, Ptolomeo murió en el combate y Cleopatra, aliada fiel de Roma, se convirtió en soberana indiscutible de Egipto. Hasta ahí todo sucedía satisfactoriamente, pero cuando César llevó a Cleopatra a Roma y ésta afirmó que su hijo Cesarión había sido engendrado por el genial romano, el malestar se disparó. No sólo resultaba intolerable que César tuviera esas aventuras con una extranjera, sino que además podía sospecharse que alentaba ambiciones regias.

En el año 44 a. J.C., César fue asesinado y, por un tiempo, Cleopatra decidió mantenerse fuera del punto de mira de la política romana. De hecho, hasta pretendió quedar al margen de la guerra contra los asesinos de su antiguo amante. Sin embargo, la situación no podía durar. En el año 41 a. J.C. fue convocada a Tarso por Marco Antonio, uno de los sucesores de César, con la intención de que se explicara. El resultado fue que el romano quedó abrumado por la egipcia y se convirtió en su amante. El episodio no hubiera tenido mayor trascendencia de no ser porque Marco Antonio fue llamado a Roma para que contrajera matrimonio con Octavia, la hermana de Octavio, sobrino y sucesor de César, y porque Cleopatra dio a luz unos mellizos cuya paternidad atribuyó a Antonio. Sin embargo, ni Antonio estaba dispuesto a enclaustrarse en Roma ni Cleopatra a perder una pieza de tanta relevancia.

En 36 a. J.C., Marco Antonio viajó a Oriente para combatir a los partos y rogó a Cleopatra que se reuniera con él en Antioquía. A continuación, en contra de la ley romana y de la prudencia política, contrajeron matrimonio. Por si semejantes pasos no fueran suficientemente peligrosos, en 34 a. J.C., Antonio y Cleopatra —que llevaban una vida pespunteada por interminables diversiones y borracheras— anunciaron que el antiguo imperio de Alejandro iba a dividirse entre ésta y sus hijos. La declaración era un ataque directo contra la hegemonía romana en el Mediterráneo. No sólo Cleopatra pretendía llevar una política independiente, sino que además anunciaba que ésta sería una continuación del imperio alejandrino, una evocación sumamente grata en el Mediterráneo oriental. Si Roma no reaccionaba de manera inmediata, su poder iba a verse quebrantado por una colosal coalición mediterránea acaudillada por Cleopatra y secundada por uno de los mejores generales del difunto César.

Los escritos que nos han llegado de aquella época insisten en el entusiasmo por la futura derrota de Roma y la creación de un nuevo orden basado en la armonía universal. En 32 a. J.C., Octavio logró del Senado la declaración de guerra contra Cleopatra y de manera inmediata se dirigió a enfrentarse con ella. Al año siguiente, las flotas de Roma y de Egipto se encontraron en Actium. La batalla —que se zanjó con la victoria de Octavio— ha sido objeto de acaloradas discusiones entre los que opinan que Cleopatra abandonó a su marido y los que consideran que simplemente rompió el bloqueo impuesto por la flota de Octavio y se retiró a Egipto para combatir allí con más probabilidades de éxito. Fuera como fuese, Cleopatra no tardó en darse cuenta de que Octavio iba a convertirse en el vencedor de aquella guerra. La manera en que reaccionó frente a semejante eventualidad fue verdaderamente maquiavélica. Primero, hizo llegar a Marco Antonio la noticia de que había muerto, lo que provocó en el romano una tristeza tal que decidió suicidarse; y luego, se vistió con sus mejores galas para intentar seducir a Octavio. Si la primera parte del plan funcionó con exactitud, la segunda fracasó estrepitosamente.

Cleopatra apenas había llegado a la cuarentena, pero Octavio consideró que lo mejor que podía hacer con ella era exhibirla encadenada en el cortejo del triunfo que le ofrecerían al llegar a Roma. Era una humillación excesiva para una mujer que había soñado con reconstruir el imperio de Alejandro y expulsar a Roma del Mediterráneo oriental. Optó la egipcia por suicidarse valiéndose, según la tradición, de la mordedura de una serpiente. Con ella se esfumaba el último gran enemigo de Roma hasta la llegada de los bárbaros siglos después, y también desaparecía la independencia de Egipto, convertido a partir de entonces en provincia romana.

Ni bella ni negra

Los mitos sobre el aspecto físico de Cleopatra se fueron sumando durante el siglo pasado en una gama de errores no pocas veces interesados. A la Cleopatra, bellísima por cierto, que encarnó Elizabeth Taylor se quiso oponer una Cleopatra políticamente correcta, y precisamente por ello, supuestamente negra. La realidad histórica fue muy distinta. Cleopatra no era ciertamente negra no porque los egipcios no lo fueran, sino porque descendía de Ptolomeo Lago, el general macedonio que había recibido Egipto al morir Alejandro Magno. Su aspecto físico, por lo tanto, era bastante semejante al de una griega. Tampoco era guapa. Los retratos que se conservan de ella nos muestran a una mujer con una espantosa nariz de caballete que evoca parecidos con las brujas de los cuentos. Para colmo de males, Cleopatra padecía una alopecia nerviosa que la dejó calva desde muy joven y que la obligaba a llevar sofisticadas pelucas. Sus contemporáneos fueron los primeros en captar el aspecto poco agraciado de la conocida reina y resaltaron para intentar equilibrarlo sus cualidades intelectuales. Con todo, los romanos nunca pudieron comprender que dos hombres como César y Marco Antonio hubieran podido gustar de semejante esperpento. La explicación que dieron a tan curioso hecho no deja de ser digna de análisis. En realidad, Cleopatra era una bruja y los había hechizado, porque ¿cómo si no se hubieran enamorado de una mujer tan fea?

TERCERA PARTE

Los orígenes del cristianismo

El Imperio romano perduraría hasta milenio y medio después del asesinato de César. Sin embargo, la fuerza espiritual más vigorosa que surgiría de él sería, paradójicamente, la emanada de una religión nacida en un extremo del imperio. Nos referimos, claro está, al cristianismo. Sus orígenes aparecen vinculados a la figura de Jesús de Nazaret y de Pablo de Tarso. Es un tópico afirmar que el segundo creó el cristianismo tergiversando las enseñanzas del primero. Pocas afirmaciones se encuentran más distantes de la realidad histórica. Pablo se limitó a transmitir con especial genialidad lo que los primeros apóstoles le enseñaron sobre Jesús, de tal manera que el mensaje que encontramos en sus cartas es sustancialmente similar al de los evangelios. Ambos, como han reconocido algunos rabinos, se convirtieron en vehículos providenciales para transmitir el mensaje de la Torah a los pueblos paganos, pero fueron también mucho más allá. Afirmaron que el día para el cumplimiento de las profecías bíblicas había llegado.

CAPÍTULO SEXTO

Jesús de Nazaret

Jesús es, sin ningún género de dudas, el personaje más relevante e influyente de la Historia universal. Sin él, la Historia de Occidente —y con ella la del mundo— resulta incomprensible. Esa circunstancia —aunque no sólo ésa— explica sobradamente los ríos de tinta que aún sigue ocasionando. ¿Podría ser de otra manera cuando centenares de millones de seres humanos afirman que es el Mesías y el Hijo de Dios y que la salvación del género humano depende de él?

Contamos con una notable abundancia de fuentes sobre la vida de Jesús. A las contenidas en el Nuevo Testamento —especialmente los evangelios— se suman referencias más o menos amplias en Flavio Josefo, Suetonio, Tácito, Plinio y, especialmente, las fuentes rabínicas. Los mismos evangelios, pese a no ser propiamente lo que entendemos como biografía en el sentido historiográfico contemporáneo, encajan —especialmente en el caso de Lucas— con los patrones historiográficos de su época. En conjunto, presentan por lo tanto un retrato coherente de Jesús y nos proporcionan un número considerable de datos que permiten reconstruir históricamente su enseñanza y vida pública. El nacimiento de Jesús hay que situarlo algo antes de la muerte de Herodes el grande (4 a. J.C.) (Mateo 2, 1 ss.). El mismo se produjo en Belén (aunque algunos autores prefieren pensar sin razones de peso en Nazaret como su ciudad natal), y los datos que proporcionan los evangelios en relación con su ascendencia davídica deben tomarse como ciertos —como han señalado investigadores como D. Flusser, F. F. Bruce, R. E. Brown o J. Jeremias—, aunque la misma fuera, posiblemente a través de una rama secundaria. Buena prueba de ello es que cuando el emperador romano Domiciano decidió acabar con los descendientes del rey David hizo detener también a algunos familiares de Jesús.

Exiliada su familia a Egipto (un dato que se menciona también en el Talmud y en otras fuentes judías), regresó a la muerte de Herodes pero, por temor a Arquelao, fijó su residencia en Nazaret, donde se mantendría durante los años siguientes (Mateo 2, 22-3). Salvo una breve referencia que aparece en Lucas 2, 21 ss., no volvemos a saber datos sobre Jesús hasta que sobrepasó los treinta años. Lo más sensato es pensar que llevó la vida propia de un carpintero —los artesanos más educados, según las fuentes rabínicas—, profundizando en el contenido de las escrituras. Mientras era bautizado por Juan el Bautista (Mateo 3 y paralelos), al que Lucas considera pariente lejano de Jesús (Lucas 1, 39 s.), Jesús tuvo una experiencia que confirmó su autoconciencia de filiación divina, así como de mesianidad (J. Klausner, D. Flusser, J. Jeremias, J. H. Charlesworth, M. Hengel, etc.). De hecho, en el estado actual de las investigaciones, la tendencia mayoritaria de los investigadores es la de aceptar que, efectivamente, Jesús se vio a sí mismo como Hijo de Dios —en un sentido especial y distinto del de cualquier otro ser— y Mesías. La tesis, sostenida por algunos neobultmanianos y otros autores, de que Jesús no utilizó títulos para referirse a sí mismo resulta, en términos meramente históricos, absolutamente indefendible y carente de base como han puesto de manifiesto los estudios más recientes (R. Leivestadt, J. H. Charlesworth, M. Hengel, D. Guthrie, F. F. Bruce, I. H. Marshall, J. Jeremias, C. Vidal, etc.). En cuanto a su visión de la mesianidad, al menos desde los estudios de T. W. Manson, parece haber poco terreno para dudar de que ésta fue comprendida, vivida y expresada bajo la estructura del Siervo de YHVH (Mateo 3, 16 y par.) y del Hijo del hombre (en el mismo sentido, F. F. Bruce, R. Leivestadt, M. Hengel, J. H. Charlesworth, J. Jeremias, I. H. Marshall, C. Vidal, etc.). Muy posible, además, es que esta autoconciencia resultara anterior al bautismo.

Los evangelios sinópticos —aunque asimismo se sobreentiende en Juan— hacen referencia a un período de tentación diabólica experimentado por Jesús con posterioridad al bautismo (Mateo 4, 1 ss. y par.), en el que se habría perfilado totalmente su modelo mesiánico (J. Jeremias, D. Flusser, C. Vidal, J. Driver, etc.), rechazando los patrones políticos (los reinos de la tierra), meramente sociales (las piedras convertidas en pan) o espectaculares (el vuelo desde lo alto del Templo) del mismo. Este período de tentación corresponde, sin duda, a una experiencia histórica —posiblemente referida por Jesús a sus discípulos— que, por otro lado, se repetiría ocasionalmente después del inicio de su ministerio. Tras este episodio se inició una primera etapa de su ministerio que transcurrió fundamentalmente en Galilea, aunque se produjeran breves incursiones en territorio gentil, Judea y Samaria.

Aunque la predicación de Jesús se centró en el llamado a «las ovejas perdidas de la casa de Israel», no es menos cierto que Jesús mantuvo contactos con gentiles y que incluso llegó a afirmar que la fe de uno de ellos era mayor que la que había encontrado en Israel y que llegaría el día en que muchos como él se sentarían en el Reino con los Patriarcas (Mateo 8, 5-13; Lucas 7, 1-10). Durante esta etapa Jesús realizó una serie de milagros (especialmente curaciones y expulsiones de demonios), que aparecen confirmados por las fuentes hostiles del Talmud. Una vez más, la tendencia generalizada entre los historiadores hoy en día es la de considerar que, al menos, algunos de los relatados en los evangelios acontecieron realmente (J. Klausner, M. Smith, J. H. Charlesworth, C. Vidal, etc.) y, desde luego, el tipo de relatos que los describen apuntan a la autenticidad de los mismos que en esa misma época, Jesús comenzó a predicar un mensaje radical —muchas veces expresado en parábolas— que chocaba con las interpretaciones de algunos sectores del judaísmo (Mateo 5-7). El período concluyó, en términos generales, con un fracaso (Mateo 11, 20 ss.). Los hermanos de Jesús no habían creído en él (Juan 7, 1-5) y junto con su madre habían intentado apartarle de su misión (Marcos 3, 31 ss. y par.). Aún peor reaccionaron sus paisanos (Mateo 13, 55 ss.) a causa de que su predicación se centraba en la necesidad de la conversión o cambio de vida en razón del Reino, de que pronunciaba terribles advertencias relacionadas con las graves consecuencias que se derivarían de rechazar este mensaje divino y de que se negó terminantemente a convertirse en un mesías político (Mateo 11, 20 ss.; Juan 6, 15).

El ministerio en Galilea —en el que hay que insertar varias subidas a Jerusalén con motivo de las fiestas judías, narradas sobre todo en el evangelio de Juan— fue seguido por un ministerio de paso por Perea (narrado casi exclusivamente por Lucas) y la bajada última a Jerusalén (seguramente el año 30 d. J.C., casi imposible el 33 d. J.C.), donde se produjo su entrada en medio del entusiasmo de buen número de peregrinos que habían bajado a celebrar la Pascua y que conectaron el episodio con la profecía mesiánica de Zacarías 9, 9 ss. Poco antes había experimentado un episodio, que, convencionalmente, se denomina la Transfiguración y que le confirmó en su idea de bajar a Jerusalén. Aunque en los años treinta del siglo XX, R. Bultmann pretendió explicar este suceso como una proyección retroactiva de una experiencia postpascual, lo cierto es que tal tesis resulta inadmisible —pocos la mantendrían hoy— y que lo más lógico es aceptar la historicidad del hecho (D. Flusser, W. L. Liefeld, H. Baltensweiler, F. F. Bruce, C. Vidal, etc.) como un momento relevante en la determinación de la autoconciencia de Jesús. En éste, como en otros aspectos, las tesis de R. Bultmann parecen confirmar las palabras de R. H. Charlesworth, que lo considera una rémora en la investigación sobre el Jesús histórico. Contra lo que se afirma en alguna ocasión, es imposible cuestionar el hecho de que Jesús contaba con morir violentamente. De hecho, la práctica totalidad de los historiadores da hoy por seguro que esperaba que así sucediera y que así se lo comunicó a sus discípulos más cercanos (M. Hengel, J. Jeremias, R. H. Charlesworth, H. Schrmann, D. Guthrie, D. Flusser, F. F. Bruce, C. Vidal, etc.). Su conciencia de ser el Siervo de YHVH del que se habla en Isaías 53 (Marcos 10, 43-45) o la mención a su próxima sepultura (Mateo 26, 12) son sólo algunos de los argumentos que obligan a llegar a esa conclusión.

Cuando Jesús entró en Jerusalén durante la última semana de su vida ya tenía frente a sí la oposición de un amplio sector de las autoridades religiosas judías, que consideraban su muerte como una salida aceptable e incluso deseable (Juan 11, 47 ss.) y que no vieron con agrado la popularidad de Jesús entre los asistentes a la fiesta. Durante algunos días, Jesús fue tanteado por diversas personas en un intento de atraparlo en falta o quizá sólo de asegurar su destino final (Mateo 22, 15 ss. y par.). En esa época, aunque posiblemente también lo había hecho previamente, Jesús pronunció profecías relativas a la destrucción del Templo de Jerusalén que se verían cumplidas en el año 70 d. J.C. Durante la primera mitad de este siglo, se tendió a considerar que Jesús nunca había anunciado la destrucción del Templo y que las mencionadas profecías no eran sino un *vaticinium ex eventu*. Hoy en día, por el contrario, existe un considerable número de investigadores que tiende a admitir que las mencionadas profecías sí fueron pronunciadas por Jesús (D. Aune, C. Rowland, R. H. Charlesworth, M. Hengel, F. F. Bruce, D. Guthrie, I. H. Marshall, C. Vidal, etc.) y que el relato de las mismas contenido en los Sinópticos —como ya señaló en su día C. H. Dodd— no presupone en absoluto que el Templo ya hubiera sido destruido. Por otro lado, la profecía de la destrucción del Templo contenida en la fuente Q, sin duda anterior al año 70 d. J.C., obliga a pensar que las mismas fueron originalmente pronunciadas por Jesús. De hecho, el que éste hubiera limpiado el Templo a su entrada en Jerusalén apuntaba ya simbólicamente la destrucción futura del recinto (E. P. Sanders), como señalaría a sus discípulos en privado (Mateo 24 y 25, Marcos 13 y Lucas 21).

La noche de su prendimiento, Jesús declaró, en el curso de la cena de Pascua, inaugurado el Nuevo Pacto anunciado por el profeta Jeremías (31, 27 ss.), que se basaba en su muerte sacrificial y expiatoria. Tras concluir la celebración, consciente de lo cerca que se hallaba de su detención, Jesús se dirigió a orar a Getsemaní junto con algunos de sus discípulos más cercanos. Aprovechando la noche y valiéndose de la traición de uno de los apóstoles, las autoridades del Templo —en su mayor parte saduceas— se apoderaron de Jesús. El interrogatorio ante el sanedrín intentó esclarecer, si es que no imponer, la tesis de la existencia de causas para condenarlo a muerte (Mateo 26, 57 ss. y par.). La cuestión se decidió afirmativamente sobre la base de testigos que aseguraban que Jesús había anunciado la destrucción del Templo (algo que tenía una clara base real, aunque con un enfoque distinto) y sobre el propio testimonio del acusado, que se identificó como el Mesías-Hijo del hombre profetizado en Daniel 7, 13.

El problema fundamental para llevar a cabo la ejecución de Jesús arrancaba de la imposibilidad por parte de las autoridades judías de aplicar la pena de muerte. Cuando el preso fue llevado ante el gobernador romano Poncio Pilato (Mateo 27, 11 ss. y par.), éste comprendió que se trataba de una cuestión meramente religiosa que a él no le afectaba y eludió inicialmente comprometerse en el asunto. Los acusadores comprendieron que sólo un cargo de carácter político podría abocar a la condena a muerte que buscaban. Y en armonía con esta conclusión, indicaron a Pilato que Jesús era un sedicioso (Lucas 23, 1 ss.). Sin embargo, aquél, al averiguar que Jesús era galileo, y valiéndose de un tecnicismo legal, remitió la causa a Herodes (Lucas 23, 6 ss.), librándose momentáneamente de dictar sentencia.

El episodio del interrogatorio de Jesús ante Herodes resulta, sin lugar a dudas, histórico (D. Flusser, C. Vidal, F. F. Bruce, etc.) y arranca de una fuente muy primitiva. Al parecer, Herodes no encontró políticamente peligroso a Jesús y, posiblemente, no deseando hacer un favor a las autoridades del Templo apoyando su punto de vista en contra del mantenido hasta entonces por Pilato prefirió devolvérselo a éste. El romano le aplicó una pena de flagelación (Lucas 23, 13 ss.) posiblemente con la idea de que sería suficiente escarmiento (Sherwin-White), pero la mencionada decisión no quebrantó lo más mínimo el deseo de las autoridades judías de que Jesús fuera ejecutado.

Cuando les propuso soltarlo acogiéndose a una costumbre —de la que también nos habla el Talmud— en virtud de la cual se podía liberar a un preso por Pascua, una multitud, presumiblemente reunida por los sacerdotes, pidió que se pusiera en libertad a un delincuente llamado Barrabás en lugar de a Jesús (Lucas 23, 13 ss. y par.). Ante la amenaza de que aquel asunto llegara a oídos del emperador y el temor de acarrearse problemas con éste, Pilato optó finalmente por condenar a Jesús a la muerte en la cruz. Éste se hallaba tan extenuado que tuvo que ser ayudado a llevar el instrumento de suplicio (Lucas 23, 26 ss. y par.) por un extranjero, cuyos hijos serían cristianos posteriormente (Marcos 15, 21; Romanos 16, 13).

Crucificado junto con dos delincuentes comunes, Jesús murió al cabo de unas horas. Para entonces la mayoría de sus discípulos habían huido a esconderse —la excepción sería el discípulo amado de Juan 19, 25-26, y algunas mujeres entre las que se encontraba su madre— y uno de ellos, Pedro, le había negado en público varias veces. Depositado en una tumba propiedad de José de Arimatea, un discípulo secreto que recogió el cuerpo valiéndose de un privilegio concedido por la ley romana relativa a los condenados a muerte, nadie volvió a ver a Jesús muerto.

Al tercer día, algunas mujeres, que habían ido a llevar aromas para el cadáver, encontraron el sepulcro vacío (Lucas 24, 1 ss. y par.). La primera reacción de los discípulos al oír que Jesús había resucitado fue de incredulidad (Lucas 24, 11). Pedro, sin embargo, quedó convencido de la realidad de lo que aquéllas afirmaban tras visitar el sepulcro (Lucas 24, 12; Juan 20, 1 ss.). En el curso de pocas horas, varios discípulos afirmaron haberlo visto, aunque los que no compartieron la experiencia se negaron a creer en ella hasta que atravesaron por una similar (Juan 20, 24 ss.).

El fenómeno no se limitó a los seguidores de Jesús, sino que trascendería a los confines del grupo. Así, Santiago, el hermano de Jesús, que no había aceptado con anterioridad las pretensiones de éste, pasó ahora a creer en él como consecuencia de una de estas apariciones (I Corintios 15, 7). Para entonces, según el testimonio de Pablo, Jesús se había aparecido ya a más de quinientos discípulos a la vez, de los cuales muchos vivían todavía un par de décadas después (I Corintios 15, 6). Lejos de ser una mera vivencia subjetiva (R. Bultmann) o una invención posterior de la comunidad que no podía aceptar que todo hubiera terminado (D. F. Strauss), las fuentes apuntan a la realidad de las apariciones, así como a la antigüedad y veracidad de la tradición relativa a la tumba vacía (C. Rowland, J. P. Meier, C. Vidal, etc.). Una interpretación existencialista del fenómeno no puede hacer justicia al mismo, si bien el historiador no puede dilucidar si las apariciones fueron objetivas o subjetivas, por más que esta última posibilidad resulte altamente improbable (implicaría un estado de enfermedad mental en personas que sabemos que eran equilibradas, etc.). Lo que sí se puede afirmar con certeza es que las apariciones resultaron decisivas en la vida ulterior de los seguidores de Jesús. De hecho, aquellas experiencias concretas provocaron un cambio radical en los hasta entonces atemorizados discípulos, que, sólo unas semanas después, se enfrentaron con denuedo a las mismas autoridades que habían orquestado la muerte de Jesús (Hechos 4).

Las fuentes narran que las apariciones de Jesús concluyeron unos cuarenta días después de su resurrección. Con todo, Saulo, un antiguo perseguidor de los cristianos, experimentó una de las mismas con posterioridad y, como consecuencia de ella, se convirtió a la fe en Jesús (I Corintios 15, 7 ss.) (M. Hengel, F. F. Bruce, C. Vidal, etc.). Con posterioridad, se convertirá en el apóstol Pablo. Sin duda, aquella experiencia resultó decisiva y esencial para la continuidad del grupo de discípulos, para su crecimiento ulterior, para que éstos se mostraran dispuestos a afrontar la muerte por su fe en Jesús y para fortalecer su confianza en que Jesús regresaría como Mesías victorioso. No fue la fe la que produjo la creencia en las apariciones —como se indica en algunas ocasiones—, sino que la experiencia de las mismas resultó determinante para la confirmación de la destrozada fe de algunos (Pedro, Tomás, etc.) y para la aparición de la misma en otros que eran incrédulos (Santiago, el hermano de Jesús, etc.), o incluso abiertamente enemigos (Pablo de Tarso). De esa manera, la cruz no fue el final, sino más bien el principio.

¿Qué pensaba Jesús sobre sí mismo?

En las últimas décadas, se ha dado una enorme importancia al estudio sobre la autoconciencia de Jesús (¿qué pensaba Jesús de sí mismo?) y sobre el significado que vio en su muerte. El elemento fundamental de la autoconciencia de Jesús parece haber sido su convicción de ser Hijo de Dios en un sentido que no podía ser compartido por nadie más y que no coincidía con visiones previas del tema (rey mesiánico, hombre justo, etc.), aunque pudiera también englobarlas. Su originalidad en denominar a Dios como *Abba* (literalmente «papá») (Marcos 14, 36) no encuentra eco en el judaísmo hasta la Edad Media y viene a indicar una relación singular que se vio confirmada en el bautismo a manos de Juan el Bautista y en la Transfiguración. Arrancando de aquí podemos entender lo que pensaba Jesús de sí mismo. Precisamente por ser el Hijo de Dios —y dar a tal título el contenido que le proporcionaba (Juan 5, 18)—, Jesús es acusado en las fuentes talmúdicas de hacerse Dios. A partir de ahí también surge su convicción de que era el Mesías, pero no cualquiera, sino un mesías que se expresaba con las categorías teológicas propias del Hijo del hombre y del Siervo de YHVH. Esta conciencia de Jesús de ser el Hijo de Dios es admitida hoy en día por la mayoría de los historiadores (F. F. Bruce, D. Flusser, M. Hengel, J. H. Charlesworth, D. Guthrie, M. Smith, I. H. Marhsall, C. Rowland, C. Vidal, etc.), aunque se discuta el contenido delimitado de la misma. Lo mismo cabría decir en cuanto a su mesianidad. Jesús esperaba evidentemente su muerte. Que el sentido que dio a ésta era plenamente expiatorio se desprende de las propias afirmaciones de Jesús acerca de su misión (Marcos 10, 45), así como del hecho de que se identificara con el Siervo de YHVH (Isaías 52, 13 -53, 12) cuya misión es llevar sobre sí la carga de pecado de los descarriados y morir en su lugar de manera expiatoria (M. Hengel, H. Schürmann, F. F. Bruce, T. W. Manson, D. Guthrie, C. Vidal, etc.). Es muy posible que su creencia en la propia resurrección arrancara asimismo del Canto del Siervo en Isaías 53 ya que, como se ha conservado el mismo en la Septuaginta y en el rollo de Isaías hallado en Qumrán, del Siervo se esperaba que resucitara después de haber muerto expiatoriamente. En cuanto a su anuncio de volver al final de los tiempos como Juez de la humanidad, lejos de ser un recurso teológico articulado por sus seguidores para explicar el supuesto fracaso del ministerio de Jesús, cuenta con paralelos en la literatura judía que hacen referencia al mesías que vendría, sería retirado por Dios de la Tierra y volvería definitivamente a consumar su misión (D. Flusser, C. Vidal, etc).

¿Qué enseñó Jesús?

A partir de los datos seguros sobre la vida y la autoconciencia de Jesús podemos reconstruir las líneas maestras fundamentales de su enseñanza. En primer lugar, su mensaje se centraba en la creencia en que todos los seres humanos se hallan en una situación de extravío o perdición (Lucas 15 y paralelos en el Documento Q). Precisamente por ello, Jesús pronunciaba un llamado al arrepentimiento o conversión, dado que el Reino llegaba con él (Marcos 1, 14-5). Esta conversión implicaba un cambio espiritual radical cuyas señales características aparecen recogidas en enseñanzas de Jesús como las contenidas en el Sermón del Monte (Mateo 5-7) y tendría como marco el Nuevo Pacto que había profetizado Jeremías y que se inauguraba con la muerte expiatoria del Mesías (Marcos 14, 12 ss. y par.). Dios venía en Jesús a buscar a los perdidos (Lucas 15), y éste daba su vida inocente como rescate por ellos (Marcos 10, 45), cumpliendo así su misión como Siervo de YHVH. Todos podían ahora —independientemente de su presente o de su pasado— acogerse a la llamada. Ésta implicaba reconocer que todos eran pecadores y que ninguno podía presentarse como justo ante Dios (Mateo 16, 23-35; Lucas 18, 9-14, etc.). Se abría entonces un período de la Historia —de duración indeterminada— en el que la gente sería invitada a aceptar el mensaje de Buenas Nuevas del Reino y en el que el diablo se ocuparía de sembrar cizaña (Mateo 13, 1-30 y 36-43 y par.) para entorpecer la predicación del evangelio.

Durante esa fase, y pese a todas las asechanzas demoníacas, el Reino seguiría creciendo desde sus insignificantes comienzos (Mateo 13, 31-3 y par.) y concluiría con el regreso del Mesías y el Juicio Final. Frente al mensaje de Jesús, la única postura lógica consistía en aceptar el Reino (Mateo 13, 44-6; 8, 18-22) por muchas renuncias que eso implicara. No había posibilidad intermedia, «el que no estaba con él, estaba en su contra» (Mateo 12, 30 ss. y par.), y el destino de los que lo hubieran rechazado, el final de los que no hubieran manifestado su fe en Jesús, no sería otro sino el castigo eterno, arrojados a las tinieblas externas, en medio de llanto y crujir de dientes, independientemente de su filiación religiosa (Mateo 8, 11-2 y par).

A la luz de los datos históricos de que disponemos —y que no se limitan a las fuentes cristianas, sino que incluyen otras abiertamente hostiles a Jesús y al movimiento derivado de él—, se puede observar lo absolutamente insostenible de muchas de las versiones populares que sobre Jesús han circulado. Ni la que lo convierte en un revolucionario o en un dirigente político, ni la que hace de él un maestro de moral filantrópica que llamaba al amor universal y que contemplaba con benevolencia a todos los seres humanos (no digamos ya aquellas que lo convierten en un gurú oriental o en un extraterrestre) cuentan con base histórica firme.

Jesús afirmó que tenía a Dios por Padre en un sentido que ningún ser humano podría atreverse a emular, que era el Mesías, entendido éste como Hijo del hombre y Siervo de YHVH, que moriría expiatoriamente por los pecados humanos y que, frente a esa muestra del amor de Dios, sólo cabía la aceptación encarnada en la conversión o el rechazo que desembocaría en la ruina eterna. Tal radicalismo sobre el destino final y eterno de los hombres exigía —y exige— una respuesta clara, definida y radical, y sirve para darnos una idea de las reacciones que provocaba (y provoca) el mismo y de las razones, muchas veces inconscientes, que mueven a emascularlo con la intención de obtener un producto que ni provoque tanto ni se dirija tan al fondo de la condición humana. Añadamos a esto que la autoconciencia de Jesús resulta tan descomunal, en relación con otros personajes históricos, que, como señaló acertadamente el escritor y profesor británico C. S. Lewis, de él sólo cabe pensar que era un loco, un farsante o, precisamente, quien decía ser.

CAPÍTULO SÉPTIMO

Pablo, el judío de Tarso

Calvo, cejijunto, con las piernas torcidas y la nariz ganchu-
da... así describe un documento del siglo II al personaje que
algunos autores han calificado con bastante inexactitud
como «fundador del cristianismo». Aunque lo conocemos
como Pablo, su nombre era Saúl o Saulo, el mismo que el del
primer rey de Israel que, al igual que nuestro personaje, per-
tenecía a la tribu de Benjamín. Su influencia en la Historia
universal persiste hasta el día de hoy.

Saulo nació en Tarso, un importante centro universitario
de Asia Menor, en el seno de una familia de judíos que
habían obtenido la ciudadanía romana presumiblemente
por los servicios prestados. Poco tiempo residió en esta
ciudad, ya que siendo prácticamente un niño fue enviado
a Jerusalén para seguir estudios teológicos con el rabino
Gamaliel. Saulo pertenecía a la secta de los fariseos —que
tendría una extraordinaria influencia en la redacción posterior del Talmud judío—, y su celo por el cumplimiento

estricto de la Torah o ley de Moisés le llevó a mirar con desaprobación la consolidación de un grupo de judíos que afirmaba que Jesús era el Mesías y había resucitado. Participó así en el linchamiento de Esteban, un seguidor de Jesús que vivía en Jerusalén, y en torno al año 33 obtuvo del sanedrín —el cuerpo gobernante religioso y político de los judíos— la comisión de perseguir a los judeocristianos que se habían refugiado en Damasco.

Fue precisamente en el curso del viaje a esta capital cuando Saulo sufrió una experiencia que cambiaría totalmente su vida y con ella la Historia. Cuando se encontraba cerca de la ciudad tuvo una visión de Jesús que no sólo le reprochó la persecución como algo inútil, sino que además le anunció que le había escogido para ser portavoz de su mensaje. Aunque los intentos por explicar esta experiencia de Pablo recurriendo a teorías psiquiátricas han sido abundantes, lo cierto es que ninguna de ellas logra encajar ni explicar todos los datos de que disponemos del personaje.

Saulo —que nunca cayó de un caballo como se afirma popularmente— llegó a Damasco, fue bautizado por un discípulo de Jesús llamado Ananías y poco después se encontraba en la denominada Arabia Pétrea, la actual Jordania, predicando el Evangelio a no judíos. Fue éste un difícil período de tres años sobre el que apenas tenemos datos. Sí nos consta que en el año 37 viajó a Jerusalén, contrastó el contenido de su predicación con el de los primeros discípulos de Jesús como Pedro y comprobó que era similar. Regresó entonces a su tierra, donde comenzó a predicar, al parecer, en medio de enormes dificultades a las

que, muy posiblemente, se sumó el inicio de una enfermedad que le aquejaría durante buena parte de su vida.

En el año 47, Bernabé, un miembro de la comunidad
judeocristiana de Jerusalén, fue a buscar a Saulo y logró
convencerlo para que viajara a Antioquía y se incorporara
a su iglesia. Antioquía era una ciudad de enorme importancia y como datos curiosos debe señalarse que allí por
primera vez se llamó «cristianos» a los discípulos de Jesús
—una denominación que ciertamente hizo fortuna— y
también por primera vez se procedió a predicar el Evangelio a personas que no procedían de un trasfondo judío.

En el 48, Saulo y Bernabé visitaron Jerusalén y llegaron a un acuerdo con Pedro y Santiago para dividirse el
terreno de misión. Mientras estos dos últimos seguirían
predicando la Buena Nueva entre los judíos, el pueblo escogido por Dios, los dos primeros se dedicarían a expan-
dirla entre las poblaciones gentiles.

Ese mismo año Saulo, acompañado de Bernabé, dio
inicio al primero de sus viajes misioneros. Cuando concluyó, Saulo ya era Pablo y además se había convertido en
un personaje más importante que su compañero de misión. Las razones para el cambio de nombre pudieron ser
varias. Algunos apuntan al hecho de que decidió tomar el
de su primer converso gentil, el romano Sergio Paulo.
Otros han apuntado a que al ser ciudadano romano era
posible que su nombre latino fuera precisamente Paulus.
Incluso se ha señalado que Paulus, «pequeño» en latín,
era un juego de palabras relacionado con su escasa estatu-
ra física. Sea como fuere, no podía seguir llamándose
Saulo. ya que el término en griego designaba a personas

que caminaban a la manera sexualmente provocativa de las prostitutas. En buena medida, este primer viaje de Pablo fue tan central para su carrera como la conversión en el camino de Damasco. En el curso del mismo, predicó en Chipre y en la zona de Asia Menor conocida como Galacia, y a los pocos meses supo que un grupo procedente de Jerusalén había visitado a sus conversos para enseñarles que, aunque creían en Jesús, si no se circuncidaban y guardaban la ley de Moisés no podían salvarse. La reacción de Pablo fue escribir su primera epístola, la dirigida a los gálatas, un escrito en el que aparece compendiada su predicación apostólica y que tendría una enorme importancia histórica.

La tesis de Pablo —que sería después desarrollada en su «Epístola a los romanos»— era que el ser humano no sólo era culpable ante Dios por desobedecer Sus mandatos, sino que además era incapaz de salir por sí mismo de esa situación. La ley divina podía mostrarle que era pecador, pero no salvarle, de la misma manera que un termómetro nos indica que tenemos fiebre pero no nos la puede curar. Para redimirnos de tan terrible tesitura, Dios se había encarnado en Jesús y había muerto en la cruz para expiar los pecados del género humano. Si alguien deseaba salvarse, sólo tenía que recibir mediante la fe ese sacrificio expiatorio, dado que «el hombre no es justificado por las obras de la ley, sino por la fe de Jesús el Mesías... ya que por las obras de la ley nadie será justificado» (Gálatas 2, 16). A partir de ese momento comenzaría para él una nueva vida en la que el Espíritu Santo dejaría de manifiesto un fruto específico y en la que las buenas obras no tendrían como finalidad ganar la salvación, sino agradecer la concesión gratuita de ésta. Aparte de esta cuestión, lo que se ventilaba era si el cristianismo se convertiría en una religión de alcance universal o, por el contrario, no pasaría de ser una secta judía como los fariseos o los saduceos. Como escribiría Pablo, «ya no hay judío ni griego; esclavo ni libre; hombre ni mujer, porque todos sois uno en Jesús el Mesías» (Gálatas 3, 28).

El problema quedó zanjado unos meses después cuando un concilio apostólico celebrado en Jerusalén bajo la presidencia de Santiago apoyó la tesis de Pablo también defendida por Pedro. Los conversos gentiles al cristianismo no estaban obligados a seguir la Torah, ya que la salvación era obtenida por la fe en el sacrificio expiatorio de Jesús.

En el año 50, Pablo dio inicio un nuevo viaje misionero. Resultó decisivo para la Historia de la humanidad, ya que en lugar de continuar predicando en Asia, se adentró en Europa, abriendo este continente a la nueva fe y cambiando totalmente su futuro. Durante dos años, Pablo recorrió Macedonia y Grecia estableciendo comunidades —donde, por cierto, las mujeres tenían un papel de enorme relevancia— y escribiendo una serie de cartas que lo convertirían en el primer escritor de este género de la Antigüedad, con la única excepción, quizá, de Cicerón.

En el año 57, tras una fecunda estancia en Éfeso, Pablo descendió a Jerusalén con la intención de entregar a la comunidad judeocristiana una ofrenda recogida entre sus propias iglesias. Detenido bajo la falsa acusación de haber introducido a no judíos en el patio interior del Templo, Pablo fue entregado al gobernador romano de

Cesarea. Valiéndose entonces de su condición de ciudadano romano, apeló al César lo que, si por una parte, evitó su puesta en libertad a pesar de que no había razones para su encarcelamiento, por otra, le permitió cumplir el sueño de predicar el Evangelio en Roma. Tras un accidentado viaje en el que incluso se produjo un naufragio, Pablo llegó a la capital del imperio en la primavera del 60. Permanecería en prisión dos años, que aprovechó para escribir las denominadas epístolas de la cautividad —Efesios, Filipenses, Colosenses y Filemón— pero, finalmente, fue puesto en libertad.

Durante los años siguientes, cabe la posibilidad de que predicara el Evangelio en España y regresó a Asia Menor. Allí, quizá por denuncia de algún correligionario, fue detenido tras el incendio de Roma en julio del año 64. En la prisión romana redactó las denominadas epístolas pastorales —I y II a Timoteo, Tito—, en las que establecía directrices para las comunidades fundadas por él. Muy poco después, fue decapitado.

Cuando se produjo su muerte podía decirse sin temor a exagerar que el mundo había cambiado extraordinariamente —y aún cambiaría más— y que tal transformación se debía en no escasa medida a su influjo.

Pablo, ¿fundador del cristianismo?

Durante el siglo XIX algunos teólogos de la escuela alemana de Tubinga popularizaron la opinión de que la predicación de Jesús y los primeros apóstoles era la propia de una secta judía y que Pablo, un judío fuertemente helenizado, había alterado ese mensaje inicial convirtiéndose en el verdadero fundador del cristianismo. Semejante tesis se suele repetir con cierta frecuencia todavía en la actualidad, a pesar de que el examen histórico de las fuentes obliga a desecharla. En primer lugar, Pablo —que conocía el griego al igual que otros judíos de su época— no sólo recibió su educación teológica en Jerusalén «a los pies de Gamaliel», sino que, sobre todo, cita de manera profusa (unas noventa veces) el Antiguo Testamento en favor de sus enseñanzas y no las opiniones de los filósofos griegos. Por otro lado, aunque fue más brillante que Pedro o Juan, un análisis comparativo de sus escritos muestra profundas coincidencias. Todos ellos afirman la creencia en la salvación por la fe, en la resurrección y la divinidad de Cristo o en el cumplimiento de las profecías mesiánicas en Jesús. En el fondo, la explicación más plausible de las coincidencias es que todos ellos partían de la enseñanza de Jesús, y la de éste, de un Antiguo Testamento donde —por ejemplo, en Isaías 53— ya se hablaba del Mesías muerto expiatoriamente por los pecados de otros o de la justificación por la fe (Génesis 15, 6). Pablo no fue, por lo tanto, el fundador del cristianismo, pero sí su más brillante propagador durante el siglo I.

CUARTA PARTE

La Edad Media

Convencionalmente se suele situar el inicio de la Edad Media en la caída del Imperio romano de Occidente en 476 d. J.C. A decir verdad, las invasiones bárbaras fueron tan sólo la continuación de procesos ya existentes durante la época imperial, y tanto los reinos bárbaros como el cristianismo se esforzaron por salvar la herencia de Roma. Precisamente por eso, a mi juicio, sería más exacto situar el inicio de la Edad Media en la aparición del islam, que aniquiló la presencia clásica en Oriente, el norte de África y buena parte de España.

En este apartado he escogido a cinco personajes paradigmáticos. Por supuesto, entre ellos se encuentra Mahoma, el profeta del islam, pero también Carlomagno, el primero que intentó reconstruir el Imperio romano de Occidente. He incluido igualmente a Saladino, el gran conquistador islámico; a Alfonso X el Sabio, el primer monarca español que aspiró a convertirse en emperador y sucesor de Roma; y a Juana de Arco, ejemplo de cómo las nuevas naciones surgidas durante la Edad Media presentaban un anuncio de que el proyecto imperial era cosa del pasado aunque todavía se perpetuara algunos siglos.

CAPÍTULO OCTAVO
Mahoma

Es imposible —a pesar de los esfuerzos propagandísticos al respecto— realizar una lectura políticamente correcta de Mahoma. También es imposible conciliar su figura con los valores de Occidente. Sin embargo, la importancia de Mahoma es innegable. Más de mil millones de fieles y la agresividad vinculada con el seguimiento de sus doctrinas obligan a reconocerlo así y, sobre todo, convierten en indispensable el conocimiento de su vida y de sus enseñanzas.

Los datos históricos que poseemos sobre Mahoma sólo comienzan a ser sólidos en torno a los años 615-620, es decir, cuando contaba con una edad comprendida entre los cuarenta y cinco y los cincuenta años. Seguramente nació en La Meca en torno al año 570 d. J.C., en el seno de los hashemíes, una rama ya en decadencia de los quaraysíes. Huérfano desde muy niño, logró mejorar de fortuna al contraer matrimonio con una viuda rica y añosa llamada Jadiya. La holgura económica le permitió disfrutar de un ocio inaccesible para la aplastante mayoría de sus contemporáneos y, en torno a los cuarenta años, Mahoma afirmó que había sido objeto de una revelación que las distintas fuentes islámicas relacionan, a veces, con Allah, a veces, con el arcángel Gabriel y, a veces, con un ente indeterminado.

Inicialmente, apenas llamó la atención de sus paisanos, y los adeptos iniciales se limitiban a su esposa Jadiya, a su primo Alí, que contraería matrimonio con Fátima, hija del profeta, o a su amigo Abu Bakr, cuya hija Aisha llegaría a ser la última mujer de Mahoma. La predicación iniciada en torno al año 610 acabó finalmente cuajando en la creación de una comunidad sobre 619 d. J.C. En su seno Mahoma se presentaba como un profeta superior a todos los anteriores que predicaba un monoteísmo difuso relacionado con un dios preislámico denominado Allah al que sólo posteriormente se identificaría con el Dios de la Biblia.

No fue bien recibido el mensaje de Mahoma por varias razones. Una, sin duda, era su carácter monoteísta, aún con todas sus limitaciones, que chocaba con el politeísmo arábigo; la otra, similar a la animadversión que provocan hoy en día muchas sectas, arrancaba de la manera en que erosionaba las relaciones familiares en favor de una nueva lealtad religiosa. Curiosamente, sin embargo, la relación familiar fue la que salvó a Mahoma de verse atacado por sus paisanos y también la que, al ser lesionada, le acabó impulsando a huir de La Meca.

En ayuda de Mahoma se produciría una circunstancia que cambiaría ciertamente la Historia. En la ciudad de Yatrib (Medina) habían tenido lugar controversias políticas que exigían el arbitraje de alguien dotado de cierto prestigio personal. Algunos medinenses pensaron que Mahoma podía ser ese personaje y le invitaron a trasladarse a su ciudad. La invitación no pudo llegar en momento mejor y el 16 de julio de 622 Mahoma optó por la huida —hégira— de La Meca en dirección a Medina. Se iniciaba así la era islámica y, con ella, profundas mutaciones en el mensaje del profeta. La toma del poder en Medina transformó al hasta entonces pacífico predicador religioso en un político dispuesto a utilizar la fuerza para hacer progresar sus tesis. En muy poco tiempo se fue perfilando la configuración de una comunidad islámica engrosada por las conversiones locales. Que muchas de éstas fueron motivadas por la conveniencia admite poca discusión. Las mismas fuentes islámicas señalan la existencia de falsos conversos al islam a los que denominan «hipócritas» *(munafiqun)*. Por lo que se refiere a los judíos —que captaron a la perfección la manera en que la predicación de Mahoma chocaba con la de la Biblia—, no tardaron en ser expulsados o ejecutados por orden de Mahoma. Fusionada la relación política con la religiosa, el que abrazaba el islam derivaba tales beneficios de la pertenencia a la nueva comunidad que permanecer fuera de ella implicaba situarse en un estado de inferioridad social. En segundo lugar, el poder político dejó de derivar su legitimidad de un consenso tribal para tomarla del islam. El musulmán —en este caso, el propio Mahoma— contaba con una legitimidad que procedía de su sumisión (islam) a Allah; el no musulmán carecía por definición de legitimidad política y, al respecto, la suerte seguida por los judíos resultó reveladora. En tercer lugar, Mahoma recurrió a una militarización de la comunidad islámica que, unida al aliciente del botín arrebatado a los enemigos, fortaleció enormemente los vínculos entre los seguidores del profeta y estimuló las conversiones. Es significativo que el robo y asalto de caravanas —una actividad bien lucrativa y extendida en la Arabia preislámica— recibiera ahora la legitimación de Mahoma, que se reservaba una quinta parte del botín conseguido en las incursiones de sus seguidores. A nuestra sensibilidad actual —tan imbuida aun sin saberlo o reconocerlo de principios cristianos— puede repugnarle que una religión se encuentre tan vinculada a la práctica del saqueo y de la violencia y que incluso los dote de una visión positiva. Lo cierto, sin embargo, es que las repetidas victorias islámicas en el campo de batalla provocaron que a partir del año 625 numerosas tribus llegaran a una alianza con Mahoma e incluso aceptaran el islam.

En 628, la firma del tratado de al-Hudaibiya con La Meca le permitió no sólo peregrinar a esta ciudad, sino incluso conseguir para Medina un cierto plano de igualdad. A partir de ese momento, puede decirse que La Meca quedaba a la espera de caer en sus manos. El creciente poder militar de Mahoma, la práctica del asesinato de disidentes mediante comandos especialmente encargados de esa misión —un siniestro precedente de los atentados terroristas de la actualidad—, el trágico destino de los opositores, la utilización de la tortura y el temor a un cerco económico que aniquilara su posición acabaron provocando, al fin y a la postre, que en 630 La Meca se entregara sin combate a Mahoma. Pocos fueron ejecutados después de su entrada —lo que ha sido interpretado generalmente por los historiadores islámicos como una muestra de magnanimidad—, y el santuario de la Kaaba no sólo quedó abierto a los musulmanes, sino que, de hecho, pasó a ser controlado por ellos.

En el año 632, Mahoma viajó por última vez desde La Meca a Medina para realizar las ceremonias de la peregrinación y falleció poco después. A su muerte, el islam se había convertido en la única religión permitida en la península arábiga, ocasionando el despojo unido a la muerte o al exilio de sus adversarios. Su expansión territorial, que se produciría como en Arabia sobre la base de un militarismo legitimado religiosamente, sin embargo, apenas había comenzado.

¿Es posible reformar el islam?

En el siglo XVI, Europa se vio sacudida por un movimiento de Reforma religiosa que pretendía regresar a la Biblia limpiando el cristianismo de sus impurezas medievales. De la Reforma nacerían la revolución científica, el desarrollo industrial y la democracia. Se ha planteado por ello si cabría la posibilidad de una reforma que modernizara el islam adaptándolo a nuestra época. La respuesta, lamentablemente, es negativa. Mientras que la Reforma protestante del siglo XVI remitía al Nuevo Testamento, en el islam significaría un mayor regreso al Corán que tan sólo implicaría en los países islámicos la inmovilidad de situaciones ya presentes, como la inferioridad de las mujeres —cuyo testimonio vale la mitad que el de un hombre, igual que su derecho a la herencia es sólo del cincuenta por ciento del varón—, la desigualdad entre musulmanes y miembros de otras fes o la legitimación de la guerra, incluidos los atentados terroristas, como una forma de enfrentarse a los infieles. Para ser exactos, la reforma del islam fundamentalmente equivaldría al integrismo islámico.

CAPÍTULO NOVENO

Carlomagno

La reconstrucción del Imperio romano de Occidente constitu-
ye un sueño que se ha extendido desde su caída en 476 d. J.C.
hasta nuestros días. Pocos intentos tuvieron mayor relevancia
que el llevado a cabo por Carlomagno. Fracasó, sin duda,
pero puso de manifiesto hasta qué punto Roma seguía siendo
un referente ineludible incluso para los pueblos que habían
precipitado su caída, y por añadidura se convirtió en un ver-
dadero paradigma del benévolo poder imperial.

Corría el 2 de abril de 742 cuando en Aquisgrán nació
Carlos. Aunque su ciudad natal forma parte actualmente
de Alemania, Carlos pertenecía a la tribu de los francos y
era hijo de su rey Pipino el Breve y nieto de Carlos Mar-
tel, que había derrotado a los musulmanes en Poitiers. Su
familia había desempeñado durante años la tarea de ser
mayordomos de los reyes merovingios, pero en las últimas generaciones se habían convertido de facto en los
monarcas. No resulta extraño, por lo tanto, que, en 751,
gracias a un golpe de estado palaciego, Pipino destronara

al último rey merovingio. Posiblemente tal paso no hubiera tenido mayor relevancia de no ser porque Pipino captó la importancia de mantener una alianza con el papa. En 754, Pipino fue coronado por el papa Esteban II y, a cambio, defendió Roma del ataque de los lombardos. Se establecía así una alianza que tendría una extraordinaria repercusión durante los siguientes años.

Al morir Pipino en 768, la corona pasó de manera compartida a Carlos y a su hermano Carlomán. La muerte de éste permitiría asumir el poder total a Carlos y, sobre todo, desarrollar una visión muy peculiar de la política. Pipino no había pasado, a pesar de su habilidad, de ser un rey bárbaro, pero Carlos no tardó en concebir proyectos de restauración del Imperio romano sustentados en una alianza con el papa. Cuando en 772 el papa Adriano I pidió la ayuda de Carlos para oponerse al lombardo Desiderio, Carlos decidió concedérsela a pesar de que el invasor era su propio suegro. En dos años, Carlos se había hecho con el reino de Desiderio y había reafirmado la alianza con el papa. A esas alturas, Carlos era consciente de una terrible realidad. Los extensos territorios que gobernaba estaban siendo objeto —como había sucedido con la antigua Roma— del terrible embate de los bárbaros. Esa circunstancia le llevó a emprender una serie de campañas que pretendían asegurar las fronteras mediante el establecimiento de territorios colchón.

En 775 emprendió una campaña en Sajonia que se alargaría durante tres décadas. En 778 intentó extender su control hasta Pamplona en la península Ibérica con la intención de contener cualquier posible incursión islámica

como las que había sufrido su abuelo. Aunque su reta-
guardia fue castigada en Roncesvalles por los vascones de
la actual Navarra —el punto de partida del legendario
Cantar de Roldán—, Carlos supo mantener su control sobre la denominada Marca Hispánica que, grosso modo,
ocupaba la actual Cataluña. De esa manera, quedó conju-
rada la posibilidad de una nueva invasión musulmana al
otro lado de los Pirineos. Por cierto, no deja de ser significativo que en los documentos carolingios se denomine
«españoles» a los habitantes de la Marca y se los equipare
con los otros «españoles» sometidos al poder islámico.

Durante los años siguientes, las tropas de Carlos su-
jetaron las fronteras mediante campañas en zonas como
las actuales Baviera (788), Austria y Hungría (791, 796).
En buena medida, Carlos estaba repitiendo la política romana de contención de los bárbaros en los grandes ríos
del este de Europa. La política fue consagrada de manera
literal cuando el día de Navidad del año 800 el papa
León III le coronó emperador en la basílica de San Pedro
en Roma. Eginardo señala que Carlos se hallaba orando
en la iglesia y que se quedó sorprendido al sentir cómo el
papa le colocaba la corona, pero la verdad es que cuesta
creerlo. Sí es cierto que el imperio dejó de expandirse tras
aquel episodio y buena parte de la actividad de Carlos —ya
Carolus Magnus o Carlomagno— consistió en establecer
una administración sólida. Tuvo éxito, en parte, porque
podían utilizarse los antiguos mimbres imperiales ahora
adaptados y, en parte, porque los vikingos no golpeaban
todavía las costas de Europa occidental con la fiereza con
que lo harían en tan sólo unos años.

El imperio de Carlomagno se desmembraría a su muerte dando origen al núcleo de naciones posteriores como Francia, Alemania o Países Bajos. Así, su proyecto de reconstruir el Imperio romano quedaría abortado. Sin embargo, su imagen se convertiría en legendaria. Tanto que su intento no sería el último.

Carlomagno, las claves

La figura de Carlomagno ha ejercido históricamente una enorme influencia sobre los personajes más diversos. Napoleón lo consideraba como uno de sus referentes —padre de la nación francesa a su juicio—, y lo mismo podría decirse de Hitler, que lo vio como a un gran caudillo germánico que controló la Europa central y oriental. En realidad, Carlomagno era ambas cosas y ninguna de las dos. Desde luego, las claves de su gobierno fueron muy distintas de las de los citados personajes. Fundamentalmente, fue un monarca que fusionó las herencias romana, cristiana y germánica, y que intentó establecer el imperio de la ley, transmitir la cultura clásica, proteger a la Iglesia y defender las fronteras de los bárbaros. En todos esos sentidos, estaba más cerca de un Trajano o de un Teodosio que de un Napoleón o un Hitler.

CAPÍTULO DÉCIMO
Saladino

Walter Scott lo presentó en El talismán *como un paradigma de la caballerosidad medieval. Por encima de no pocos de sus rivales cristianos, según Scott, Saladino constituía un ejemplo de digna lealtad. La imagen scottiana haría fortuna y llegaría hasta nuestros días en películas como* El reino de los cielos. *Sin embargo, la historia fue muy diferente. Saladino fue, en realidad, un político hábil y despiadado. Quizá uno de los defensores más radicales de la realpolitik que recuerda la Historia.*

Al-Nasir Salah ad-Dīn Yusuf ibn Ayyub, más conocido en Occidente como Saladino, nació en 1138 en Tikrit, una localidad de la que procedería, siglos después, el clan que respaldó hasta la victoria a Saddam Hussein. De familia kurda, el padre de Saladino se puso al servicio de Zengi, señor de Mosul. El personaje acabó nombrando al padre de Saladino gobernador de Baalbek y fue el primer dirigente musulmán que articuló un plan para expulsar a los cruzados de Tierra Santa, llegando a apoderarse del condado de Edesa. Como tantos gobernantes islámicos anteriores y posteriores, Zengi fue asesinado y a su muerte se inició un período de guerra civil que concluiría con el triunfo de su hijo menor, Nur al-Din. La familia de Saladino se sumó a éste y no tardó en ser recompensada. Mientras el padre recibía el gobierno de Damasco, su tío Shirkuh se hizo con el mando del ejército. Por esa época, los cruzados amenazaban al califato fatimí de Egipto, que no dudó en pedir ayuda a Nur al-Din. Al socorro de los fatimíes fue enviado Shirkuh, que llevó a su lado a su sobrino Saladino.

Para 1169, los cruzados habían dejado de ser una amenaza para Egipto, si bien es verdad que los fatimíes fueron sustituidos en el poder real —que no formal— por Nur al-Din. Éste nombró a Shirkuh gobernador de Egipto, y cuando murió poco después, lo sustituyó por su sobrino Saladino. El joven kurdo demostraría una notable capacidad organizativa mientras estuvo en Egipto, y cuando en 1171 falleció el califa fatimí se convirtió en el señor del país del Nilo. Por supuesto, reconocía la autoridad de Nur al-Din, pero de manera meramente formal. Tres años después Nur al-Din falleció dejando como heredero a su hijo As-Salih Imail al-Malík. El hecho de que era un niño excitó la codicia de las potencias vecinas y, por supuesto, también la de Saladino. Con el pretexto de que defendía los intereses del heredero legítimo, Saladino ocupó Damasco y la Siria del sur y, paso a paso, fue privando de posesiones a As-Salih, que se vio obligado a refugiarse en Alepo.

A esas alturas, nadie podía dudar de que Saladino aspiraba al poder absoluto, una pretensión que iba a chocar con algunos enemigos de peso. Aparte del heredero de

Nur al-Din, estaba la secta de los asesinos, que dudaba de la ortodoxia de Saladino y que, desde luego, lo veía como un pretendiente ilegítimo. En diversas ocasiones intentarían realizar atentados contra Saladino. Por su parte, el ahora señor de Egipto y Siria decidió en paralelo lanzarse contra las posiciones cruzadas. ¿Fue esa política un intento de obtener una legitimidad de la que carecía? ¿Era una herencia de Zengi? Posiblemente se trataba de una mezcla de *realpolitik* y convicción.

En 1177, Saladino intentó invadir los territorios cruzados desde el sur, pero fue derrotado en la batalla de Montgisard. En 1179 derrotó a los cruzados en la batalla del vado de Jacob, impidiendo que levantaran una fortaleza en la orilla del río Jordán. Se trató de un triunfo menor, pero le proporcionó una enorme popularidad. De hecho, cuando en 1181 el heredero de Nur al-Din murió, sin resistencia, Saladino fue nombrado sultán de Siria y Egipto. Se convertía de manera formal en lo que materialmente había sido desde hacía años. Sin embargo, Saladino era consciente de la nula legitimidad en que se sustentaban sus ambiciones. En cualquier momento, la dinastía zengida —que gobernaba en Mesopotamia— podía reclamar el poder. Para evitar esa eventualidad, Saladino se embarcó en una guerra que concluyó con la aniquilación o la sumisión de sus posibles rivales y, una vez más, instrumentalizó la *yihad* o guerra santa como aglutinante de sus súbditos musulmanes.

En 1187, Saladino lanzó una nueva expedición contra los dominios cruzados. La aplastante superioridad numérica de Saladino no constituía garantía de victoria, ya que los cruzados habían creado un sistema defensivo impresionante y contaban con una capacidad para el combate verdaderamente excepcional. De manera bien significativa, la derrota cruzada tuvo lugar por una demostración de esa caballerosidad que las crónicas atribuirían después a Saladino. Empeñados en rescatar a una dama que se defendía a la desesperada en su fortaleza, los cruzados no sólo no eligieron el terreno más favorable, sino que aceptaron el escogido por Saladino.

El choque se produjo en 1187 junto a unas colinas llamadas los Cuernos de Hattin y durante buena parte del mismo no quedó claro cuál sería su resultado. A pesar de su inferioridad numérica, las cargas de caballería de los cruzados estuvieron a punto de desbaratar al ejército de Saladino, una eventualidad que se convirtió en imposible por una terrible combinación de calor y sed. La victoria permitió a Saladino apoderarse de los principales dirigentes cruzados y, sobre todo, degollar a todos los caballeros templarios y hospitalarios que cayeron en sus manos. Era consciente el musulmán de su valor como fuerza de choque y no tuvo piedad de ellos, sino que ordenó su muerte inmediata a menos que se convirtieran al islam. Ni uno solo aceptó esta posibilidad.

La aniquilación de las fuerzas cruzadas permitió a Saladino apoderarse de Galilea y Samaria y, finalmente, se dirigió hacia Jerusalén. La capitulación de la ciudad provocó en Occidente la convocatoria de una nueva cruzada. Para fortuna de Saladino, los reyes que respondieron nunca formaron un frente unido. Federico I Barbarroja, el emperador de Aemania, murió ahogado al cruzar el torrente Salef, y Ricardo Corazón de León y Felipe Augusto de Francia discutieron y este último regresó a su patria. Los cruzados a las órdenes del monarca inglés lograrían recuperar Acre y Jafa, pero, al final, Ricardo tuvo que retirarse ante las noticias inquietantes que le llegaban de su reino. La paz concluida con Saladino aseguraba a los cruzados una parte de la costa, pero no la ansiada recuperación de Jerusalén.

En 1193, un Saladino admirado en todo el orbe islámico fallecía en Damasco. Le sucedería su hijo al-Afdal dando inicio a la dinastía ayubí. Sin embargo, el gran legado del guerrero sería el mito de un conquistador musulmán capaz de unificar a los pueblos islámicos y de derrotar a los occidentales, un mito que perdura hasta el día de hoy.

La caída de Jerusalén

Originalmente, la intención de Saladino era la de ejecutar a todos los cristianos de Jerusalén. Ante la posibilidad de que éstos arrasaran la ciudad y murieran entre sus ruinas, aceptó, sin embargo, que algunos pudieran comprar su libertad y los demás se convirtieran en esclavos. Además, en un gesto humillante para los católicos transformaron en mezquitas no pocas iglesias y otras las entregó a sacerdotes ortodoxos. Claro que no faltó alguna conducta que contribuiría a su leyenda. Por ejemplo, Saladino perdonó a los ancianos, pero no por generosidad, sino porque difícilmente hubieran resultado útiles como esclavos.

CAPÍTULO UNDÉCIMO

Alfonso X el Sabio

Rey de Castilla y de León, hijo de Fernando III y rey sabio, poca gente conoce que Alfonso X no sólo fue uno de los monarcas más importantes de la Edad Media, sino que incluso pudo adelantarse en tres siglos a la estrategia europea de Carlos V. Fue el rey que estuvo a punto de convertirse en emperador y que a ello dedicó buena parte de sus recursos y esfuerzos.

En la estirpe de Alfonso se juntaron dos sangres regias de especial relevancia. Por un lado, su padre Fernando III había unificado de manera definitiva las coronas de Castilla y de León y había proporcionado un impulso absolutamente extraordinario a la Reconquista. Por otro, su madre Beatriz de Suabia era hija del emperador alemán Felipe y servía como prenda de una proyección europea que Castilla mantendría durante los siglos siguientes. Alfonso —que nació el 23 de noviembre de 1221, en Toledo— representó, precisamente, un intento de conjunción de ambas herencias. Así, prosiguió la Reconquista ocupando las fortalezas de Jerez (1253) y Cádiz (c. 1262), e incluso se vio obligado a sofocar una sublevación de los mudéjares del valle del Guadalquivir y a enfrentarse con la doblez de los musulmanes granadinos. Sin embargo, su máxima aspiración fue sentarse en el trono del Sacro Imperio Romano Germánico, un proyecto que se llevó por delante más de la mitad de sus años de monarca.

El emperador alemán derivaba su condición de la línea familiar, pero ésta se hallaba templada por la acción de los electores imperiales al haberse extinguido la casa de los Hohenstaufen. Cuando en 1257 los electores tuvieron que optar entre Alfonso X y el inglés Ricardo de Cornualles, no consiguieron llegar a un acuerdo y el trono se convirtió en una silla vacante objeto de ambiciones políticas. Tanto la necesidad de gobernar sobre una población cristiana en su mayor parte, pero también con importantes núcleos musulmanes y judíos, como el deseo de ser emperador determinaron los grandes aportes de Alfonso X a la cultura universal. Jurídicamente, el impulso de Alfonso X cristalizó en obras legales de la trascendencia de *Las Siete Partidas, El espéculo* o *El fuero real,* texto este último que algunos han relacionado con su deseo de llegar a ser emperador. Pero la contribución científica no fue menor. En la Escuela de Traductores de Toledo —que erróneamente se asocia a veces con el islam cuando lo cierto es que dependió del cristiano Alfonso X—, se vertieron al castellano importantes textos que significaron la recuperación de buena parte de la cultura clásica de Grecia y Roma perdida durante las incursiones bárbaras y las invasiones islámicas. Fue así como vieron la luz las *Tablas astronómicas alfonsíes,* elaboradas en 1272. Aún más relevante fue la actividad historiográfica de Alfonso X y de sus colaboradores. En su *Estoria de España,* por ejemplo, puede percibirse ya expresado con total claridad un sentimiento nacional español que Alfonso X retrotrae acertadamente al período inmediatamente posterior a la caída del Imperio romano, conectándolo además con la historia anterior de Hispania. Su *Grande e general estoria,* por otro lado, es un intento sugestivo de historiar la andadura humana. Artísticamente, Alfonso X también representó un papel incomparable no sólo en la España de la época, sino en toda Europa. A él se deben no sólo las *Cantigas,* sino también el inicio de las obras de la catedral de León. Por si todo lo anterior fuera poco, gracias a Alfonso X conocemos excepcionalmente aspectos de la vida cotidiana de la época como, por ejemplo, el juego reflejado en *Libros de axedrez, dados e tablas.*

A pesar del esplendor de su época —ciertamente extraordinario—, los últimos años de Alfonso X se vieron plagados de repetidas amarguras. Primero, vino la gran desilusión imperial. En septiembre de 1273, Rodolfo I de Habsburgo fue elegido emperador y las esperanzas de Alfonso X se desvanecieron. Ciertamente, intentó revertir su suerte, pero en mayo de 1275, el monarca castellano se vio obligado a renunciar de manera definitiva al imperio por decisión del papa Gregorio X. Ese mismo año estuvo también lúgubremente ensombrecido por la muerte del infante Fernando, su primogénito. Quedaba abierto así un proceso sucesorio erizado de dificultades. Alfonso y Fernando, los hijos de Fernando, los llamados infantes de la Cerda porque su padre había tenido un pelo o cerda que le salía de un lunar, se enfrentaron con el infante Sancho, segundo de los hijos de Alfonso X. Sería este último el que accedería al trono como Sancho IV cuando el rey sabio falleció en Sevilla el 4 de abril de 1284.

Su legado cultural y legislativo marcaría un hito en la historia de Occidente, pero seguramente esa circunstancia no le consoló del hecho de no haber podido ser ungido emperador.

CAPÍTULO DUODÉCIMO
Juana de Arco

Pocos personajes han sido objeto de mayores controversias que Juana de Arco. Visionaria, guerrera, muñidora de rey, mártir... Ni siquiera la muerte pudo acabar con su influjo. A casi seis siglos de distancia, la llamada Doncella de Orleans continúa alimentando las más encendidas discusiones.

Juana nació en 1412 en el seno de una familia campesina, en la localidad de Domrémy (actual Domrémy-la-Pucelle), en Francia. A partir de los trece años comenzó a afirmar que era objeto de visiones, siquiera auditivas, de san Miguel, santa Catalina de Alejandría y santa Margarita. Comprensiblemente, este aspecto ha sido uno de los más discutidos de la trayectoria de Juana, y más a partir del momento en que la santa Catalina que, presuntamente, se le aparecía fue declarada carente de base histórica tras el Concilio Vaticano II.

En 1429, Carlos, el Delfín de Francia, ansiaba ser coronado rey de Francia, pero las tropas inglesas —que estaban a punto de tomar Orleans— convertían esa pretensión en punto menos que quimérica. Precisamente entonces, Juana decidió visitar al príncipe para informarle de que tenía como misión acudir en su ayuda. De manera sorprendente, la joven logró convencer al Delfín del respaldo sobrenatural de su misión y se le asignaron fuerzas militares para enfrentarse con los ingleses. Con ellas logró la victoria de Patay sobre los ingleses y liberó Orleans. El triunfo militar proporcionó un enorme respaldo popular a Carlos y allanó definitivamente su camino hacia el trono. Sin embargo, precisamente entonces las intenciones del monarca y de Juana se separaron. Mientras que Carlos VII era partidario de llegar a un acuerdo con los ingleses y suspender las hostilidades, Juana insistía en continuar la guerra hasta expulsarlos del territorio francés.

En 1430, sin respaldo regio, Juana llevó a cabo una operación militar contra los ingleses en Compiègne, cerca de París. Esta vez la suerte no sonrió a la intrépida campesina. Capturada por soldados borgoñones, éstos la entregaron a sus aliados ingleses. Las victorias de Juana habían estado relacionadas con un supuesto apoyo divino y, por lo tanto, en un claro ejemplo de guerra de propaganda, los ingleses la acusaron ahora de herejía y brujería. Si, efectivamente, la muchacha no era sino una hechicera, ¿qué legitimidad podía tener su causa?

El proceso fue llevado a cabo por un tribunal eclesiástico localizado en Ruán. No resultó muy difícil a sus miembros acusarla por llevar ropa de hombre, por manejar objetos —en especial anillos— supuestamente útiles para la práctica de la brujería y por señalar que era responsable ante Dios y no ante la Iglesia, una afirmación de claros tintes heréticos desde una perspectiva católica. El tribunal la condenó a muerte y en ese momento la firmeza de Juana se derrumbó. La perspectiva de morir abrasada en la hoguera resultaba ciertamente espantosa y la muchacha acabó confesando sus errores y arrepintiéndose, con lo que logró la conmutación de la pena capital por la de reclusión.

A partir de este momento, las fuentes históricas no coinciden en su contenido. Según algunos testimonios, Juana volvió a vestirse de hombre al regresar a la cárcel, lo que abrió el camino para su condena —esta vez irreversible— a muerte. Otras fuentes, seguramente con más motivo, apuntan al hecho de que, en la soledad de la celda, Juana lamentó su debilidad y se reafirmó en sus creencias de siempre. Su contumacia sólo podía merecer ya la hoguera y, efectivamente, el 30 de mayo de 1431 fue quemada en la plaza del Mercado Viejo de Ruán por relapsa. Sin embargo, su historia no iba a concluir ahí.

Un cuarto de siglo después de su muerte, Carlos VII, el monarca que tanto le debía, había logrado imponerse a los ingleses y volvió a aprovecharse del respaldo propagandístico que podía proporcionarle Juana. Consiguió así que se reabriera el caso de Juana y que se la declarara inocente. Desde entonces, fueron numerosas las voces que insistieron en la canonización de una Juana convertida en verdadero símbolo nacional. Sin embargo, la tarea no se reveló fácil. A fin de cuentas, se trataba de reconocer como santa a alguien cuyo mérito principal había sido combatir a los ingleses. De hecho, hubo que esperar hasta 1920 para alcanzar ese objetivo en un contexto también políticamente discutible. En adelante, su fiesta se celebraría el 30 de mayo, día de su ejecución.

¿Sobrevivió Juana al proceso?

Hoy en día nadie discute que el final de Juana se produjo en la hoguera de Ruán. Sin embargo, en su época este extremo no resultó tan claro. En 1436, a un lustro de su ejecución y poco después de la entrada en París de las tropas francesas, apareció una mujer a la que identificaron con Juana. Lo curioso es que entre los que llegaron a la conclusión de que era la doncella de Orleans se encontraban dos de sus hermanos, a los que ella misma reconoció como tales. Según otra fuente, esta mujer habría sido incluso examinada por un inquisidor. El clérigo quedó asombrado y, desde luego, no emprendió ninguna acción contra ella. Al parecer, no deseaba volver a formar parte de la vida pública y contrajo matrimonio con un caballero llamado Robert de Armoises. Con él viviría tranquilamente, aunque alguna fuente indica que terminó sus días como concubina de un clérigo. Pero si fue realmente Juana o sólo una hábil impostora es algo que a seis siglos de distancia resulta imposible de dilucidar.

QUINTA PARTE

El inicio de la modernidad

A pesar de lo que parecen indicar los libros de Historia, los períodos históricos no concluyen de manera tajante con una fecha. A decir verdad, suelen imbricarse en el anterior y el posterior de una manera que, no pocas veces, escapa a sus contemporáneos. La modernidad comenzó así a caballo de la Edad Media. Para simbolizarla, hemos elegido a dos mujeres. La primera, Isabel de Castilla, fue verdaderamente excepcional al concluir con éxito la Edad Media y dar inicio a la moderna; la segunda, Lucrecia Borgia, simboliza esa mezcla extraordinaria de corrientes culturales que significó el Renacimiento y todo ello sin haber sido ni artista, ni monarca ni varón.

Isabel de Castilla

Cuando en 1474 vino al mundo una niña, hija del rey de Castilla y de una infanta portuguesa, llamada Isabel nada hacía presagiar que un día podría ser no sólo monarca de la corona más importante de la Península, sino también de toda España. Con una madre loca que llevaba a temer la transmisión del mal —algo que no sufrió Isabel pero sí su hija Juana la Loca—, un hermanastro débil, homosexual y sucio, Enrique IV el Impotente, cuyo reinado fue a la deriva, y un varón que la precedía en la línea sucesoria, se hubiera esperado que Isabel hubiera crecido sin carácter y, por añadidura, nunca se hubiera sentado en el trono. Sin embargo, las circunstancias se desarrollaron de otra manera.

Dotada de una profunda espiritualidad desde niña, la lectura de los evangelios —especialmente el de san Juan— parece haber proporcionado a Isabel una fuerza interna realmente colosal. Soportó así con una peculiar entereza la enfermedad degenerativa de su madre, el comportamiento ambivalente de su hermanastro, que lo mismo la mataba de hambre y frío que la llamaba a la corte, y la muerte de su querido hermano quizá por envenenamiento. Donde la mayoría se hubiera hundido, Isabel se fortaleció. Así, a la edad en que la mayor parte de las chicas de ahora comienzan a ir a discotecas, Isabel tenía que moverse con especial habilidad por las procelosas aguas de la corte y la diplomacia internacional para evitar que la casaran con reyes viejos o príncipes enfermos. Su corazón pertenecía ya entonces a Fernando, el todavía heredero de la Corona de Aragón, y si el matrimonio se consumaba con él quedaría también prácticamente concluida la reunificación de una nación desintegrada por la invasión islámica del siglo VIII.

Las circunstancias en que, al final, ambos jóvenes —apenas unos quinceañeros— consiguieron encontrarse y casarse fueron realmente novelescas. Lo que a continuación se les vino encima fue un verdadero drama que podría haber concluido con sus cabezas colocadas en el tajo del verdugo. A la muerte de Enrique IV, una parte de la nobleza que deseaba mantener sus privilegios apoyó la causa de Juana la Beltraneja, una desdichada niña a la que se quería hacer pasar por hija del monarca homosexual. Lo que se produjo acto seguido fue una guerra civil en la que dos adolescentes —Isabel y Fernando— se enfrentaron con la mayoría de la nobleza castellana, buena parte del clero, el rey de Portugal —que ansiaba emparentar con la Beltraneja—, e incluso una intervención militar francesa.

Mediante una combinación absolutamente extraordinaria de dotes políticas y acciones militares, Isabel logró imponerse y llevar a cabo, además, una reforma de la situación política que tendría una enorme trascendencia y que contaba entre sus características principales la de evitar la creación o la subida de impuestos —llegaba a remendar personalmente su ropa para evitar gastos innecesarios— y la de otorgar los cargos del reino por razones de mérito y no de sangre.

Cuando en 1481 el rey moro de Granada rompió las condiciones de paz con Castilla, esa combinación isabelina de equilibrio fiscal y de capacidad asentada en los principales puestos del reino permitió acometer la última fase de la Reconquista. Fue una guerra dura cuya victoria se celebró en todo Occidente. España era el único país que había logrado liberarse del yugo del islam y, sobre todo, que había servido de parachoques al resto de Europa. A diferencia de lo sucedido con los judíos —que fueron errónea e injustamente expulsados en 1492 por presiones eclesiásticas—, las condiciones de paz concedidas a los moros resultaron extraordinariamente generosas y, de hecho, los colocaban en una situación de privilegio en relación con el resto de los españoles. También impresionante fue la manera en que se respetó su legado artístico, algo que no ha sucedido históricamente entre los musulmanes hasta el punto de que si bien hoy podemos visitar la Alhambra, resulta imposible hacer lo mismo con los palacios califales de Damasco o Bagdad arrasados no por cristianos, sino por correligionarios. La situación de excepcional tolerancia sólo se quebraría cuando los moros granadinos apoyaran a los piratas berberiscos que realizaban incursiones contra las costas españolas y entraron en tratos con el soldán de Egipto para invadir España.

Si importante fue el papel —verdaderamente decisivo— de Isabel en la guerra de Granada, no lo fue menos en otros dos grandes logros del reinado: la expedición colombina a las Indias, que derivaría en el descubrimiento de América, o la política matrimonial que enlazaba a la Casa Real española con Portugal o Alemania. La primera empresa hubiera sido imposible sin Isabel; la segunda lo debió casi todo a su planificación. Incluso una guerra tan típicamente aragonesa como fue el enfrentamiento con Francia en Italia (1494-1504) no hubiera podido realizarse sin el apoyo de los tercios de Castilla con los que obtuvo una gloria incomparable el Gran Capitán.

Creadora de los primeros hospitales de guerra de la Historia y del primer sistema de pensiones para viudas y huérfanos, impulsora de la reforma religiosa y del primer plan de educación destinado específicamente a las mujeres, anudadora de una red de relaciones internacionales que permitiría a su nieto Carlos convertirse en señor del mayor imperio que la Historia hubiera presenciado hasta entonces, Isabel fue una estadista verdaderamente genial que en numerosísimos aspectos se adelantó a su época.

Sus últimos años fueron amargos porque la muerte y la locura atacaron dolorosamente a sus hijos. Sin embargo, aquella mujer que nada más dar a luz subía al caballo para continuar guerreando los soportó con una presencia de ánimo admirable. Cuando, víctima de un cáncer de útero, falleció, se la lloró en todo el orbe desde Gibraltar hasta Nuremberg, desde Roma a Londres, en la convicción de que ningún contemporáneo suyo había conocido a personaje más destacado, notable y noble.

Isabel sin mitos

Durante las últimas décadas, los mitos contrarios a la figura de Isabel I de Castilla se han ido convirtiendo en tópicos creídos a ciegas. Así, la idea de que no se cambiaba apenas de camisa, de que era racista o de que no pasaba de ser una sombra de un genial Fernando se han repetido pese a que la realidad histórica resultava totalmente distinta. Isabel era una mujer no sólo extraordinariamente culta —podía conversar en no menos de media docena de lenguas, incluido el latín—, sino puntillosa en lo que a la limpieza se refiere, que exigía de sus cortesanos, por ejemplo, que se bañaran varias veces a la semana. Tampoco era racista como da fe el hecho de que su último asistente fuera un morisco o de que buena parte de su gente de confianza fueran judíos antes de 1492 o conversos. Para remate, siempre fue mucho más perspicaz e inteligente que el astuto y poco moral Fernando. Las grandes empresas del reinado (la guerra civil, Granada, América, la política matrimonial, etc.) fueron ideadas, planeadas y ejecutadas por Isabel, que lograba convencer a su marido de su conveniencia y, a la vez, evitar la sensación —para ella y para la sociedad de la época— odiosa de que lo dominaba. La verdad es que si Fernando fue un gran monarca, Isabel fue una reina verdaderamente excepcional.

CAPÍTULO DECIMOCUARTO
Lucrecia Borgia

La figura de Lucrecia Borgia ha sido objeto de las más diversas interpretaciones. Para unos, habría sido un monstruo de lujuria dispuesto incluso a entregarse sexualmente a su padre y a su hermano; para otros, se habría tratado más bien de un ejemplo de virtud en medio de una época moralmente corrupta. La verdad, como en tantas otras ocasiones, se halla en un lugar diferente.

El personaje de Lucrecia —como el de todos los Borgia— es absolutamente incomprensible sin referencia a la figura de Rodrigo, su padre. Nacido en Játiva, Valencia, en torno a 1431, pertenecía a una estirpe de importancia —los Borja— relacionada estrechamente con la vida eclesiástica. Adoptado por la familia de su tío materno, Alfonso Borja —el futuro papa Calixto III—, Rodrigo, en rápida sucesión, fue cardenal, obispo y administrador de la corte papal. Como tantos otros para los que la vida eclesial no era fruto de una vocación religiosa sino de un empeño profesional, Rodrigo no fue un ejemplo de virtudes cristianas. De hecho, resultaban conocidas sus numerosas amantes y su trato frecuente con prostitutas de lujo. Sin embargo, aunque no fiel en el amor, su vida estuvo vinculada por encima de todas a Vanozza Catenei. De ella tuvo cuatro hijos, de los cuales los dos más famosos fueron César y Lucrecia. Nacida en Roma en 1480, durante su infancia Lucrecia vería a Rodrigo Borgia en diferentes ocasiones, pero tardaría años en recibir la revelación de que aquel amable cardenal era su padre.

Al morir el papa Inocencio VIII, Rodrigo se propuso ser elegido papa y para ello recurrió sin ningún problema de conciencia al soborno. El comportamiento era bochornoso, sin duda, pero a la sazón constituía una manera más que aceptada de acceder a un trono, ya fuera secular o pontificio. Durante el cónclave de 1492, Rodrigo logró ganarse, mediante generosas entregas de dinero, las dos terceras partes de los votos y fue elegido papa. A la sazón, no eran pocos los que consideraban que el primer problema de la Iglesia católica era emprender una reforma espiritual —ésa era la visión que había impulsado en España, por ejemplo, Isabel la Católica secundada por Cisneros—, pero Alejandro VI veía como prioridad otro tipo de cuestiones. Mientras saneaba las finanzas papales y favorecía a España en detrimento de Portugal en la delimitación de las respectivas zonas de influencia en el Nuevo Mundo, buscaba la manera de encontrar un lugar bajo el sol para sus hijos.

Aunque Lucrecia recibió una educación muy superior a la de las mujeres de la época, era obvio que su destino no iba a ser el de encontrar un patrimonio propio, sino el de convertirse en un instrumento de las ambiciones paternas. A la sazón, semejante cometido pasaba por el matrimonio. Siguiendo una tradición que se remontaba a la Roma republicana, las hijas constituían importantes bazas para anudar alianzas, sellar acuerdos y asegurar la perpetuidad patrimonial. En contra de lo que se ha afirmado tantas veces, el papa Alejandro VI nunca tuvo amores con su hija ni tampoco la paseó por orgías. Sí es cierto que le concertó tres matrimonios, todos ellos cargados de intencionalidad política.

Lucrecia se casó por primera vez a los trece años. El elegido para esposo fue Giovanni Sforza, miembro de una familia de cierta importancia en la Italia de la época. No es difícil comprender que Lucrecia no estuviera enamorada. Tampoco se esperaba que así fuera ya que, al menos desde la Baja Edad Media, se había diferenciado magníficamente entre matrimonio y amor como cuestiones totalmente distintas. No en vano Dante había estado enamorado toda su vida de Beatriz —a la que apenas había conocido— y se había casado con otra mujer que se ocupaba de cosas tan prosaicas (e indispensables) como atender la casa y cuidar de los hijos. Seguramente, el matrimonio hubiera durado hasta que la muerte hubiera separado a los cónyuges (como afirma la fórmula canónica), de no ser porque Sforza perdió el poder que tanto necesitaba Alejandro VI. La respuesta del papa fue anular el matrimonio. Las anulaciones eran entonces impensables entre el pueblo llano (a diferencia de ahora), pero relativamente comunes en matrimonios políticos, una circunstancia que explica la cólera que se apoderó de Enrique VIII unos años después, cuando se negaron a anular su matrimonio con Catalina de Aragón simplemente porque era la tía del emperador Carlos V.

Pero Lucrecia era una baza demasiado importante como para permitir su soltería. El nuevo cónyuge elegido por Alejandro VI para su hija esta vez fue un sobrino del rey de Nápoles, Alfonso, príncipe de Bisceglie. Existen indicios de que Lucrecia fue feliz en este segundo matrimonio. Su marido, a fin de cuentas, era un hombre galante y educado que la trataba de manera correcta. Sin embargo, a pesar de que aquel segundo enlace de Lucrecia fue, seguramente, feliz, no colmaba las expectativas papales. No deseando utilizar por segunda vez el mecanismo canónico de la anulación, esta vez el matrimonio concluyó por la muerte del marido... aunque no se trató de un fallecimiento natural. De enviar al otro mundo al marido de Lucrecia se encargó, en 1500, su propio guardaespaldas, al parecer siguiendo órdenes directas de César Borgia. Lucrecia, anegada en llanto, intentó salvar a su esposo, pero sólo consiguió que su padre la enviara a Roma, donde la tuvo recluida hasta que se tranquilizó. Y es que Lucrecia seguía siendo un valor cotizable en el mundo de las alianzas políticas.

Al año siguiente contrajo matrimonio —el tercero— con Alfonso I, duque de Este. Si el marido de Lucrecia —que heredó en 1505, el ducado de Ferrara— obtenía la fabulosa suma de doscientos mil ducados de dote, Alejandro VI conseguía un aliado contra Venecia. Muy posiblemente esa circunstancia garantizó tanto su supervivencia como la del matrimonio. En Ferrara, Lucrecia supo dar lo mejor de sí misma. Era una mujer culta y refinada, y se apresuró a establecer un notable mecenazgo en la corte. No sólo eso. En contra de lo afirmado por la leyenda, Lucrecia era una mujer profundamente religiosa y el contemplar el comportamiento de su padre y de su hermano César —un personaje totalmente desprovisto de escrúpulos que inspiraría a Maquiavelo para escribir *El príncipe*— no la empujó hacia el descreimiento ni el escepticismo. Todo lo contrario. En sus escritos, lo que encontramos es a una persona muy preocupada por llevar una vida limpia y piadosa en medio de un mundo que no se caracterizaba por esas virtudes. Los novelistas —y los detractores de los Borgia— han gustado de pintar un monstruo de lujuria. La verdad histórica es mucho más prosaica. De toda esa época sólo se le conoce una relación, la mantenida epistolarmente con el humanista Pietro Aretino, e incluso no resulta fácil determinar hasta qué punto pudo desembocar en el adulterio.

El 18 de agosto de 1503, murió Alejandro VI y la estrella de los Borgia inició su declive. César, el verdadero heredero del ambicioso papa español, se encontró combatiendo contra Julio II, el nuevo pontífice, y contra Gonzalo Fernández de Córdoba, el español que pasaría a la Historia con el sobrenombre de el Gran Capitán. De la derrota pasó a la cautividad y, tras una fuga novelesca, acabó muriendo en tierras de Navarra en 1507.

El destino de Lucrecia hubiera podido ser aciago tras la muerte de los dos grandes varones de la familia. Si no resultó así se debió a que nadie —de nuevo en contra de la leyenda— la consideraba vinculada con las ambiciosas empresas de ambos más allá del hecho de haber sido un mero instrumento. A lo largo de diecinueve años, había dado a luz a nueve criaturas —sin contar algunos abortos—, de las que sobrevivieron al azote de la mortalidad infantil cuatro hijos y una hija. Durante el verano de 1519, su nuevo embarazo comenzó a presentar problemas. El 14 de junio dio a luz a una niña muerta. Sintiéndose al borde de la muerte a causa de la fiebre puerperal, escribió a Roma pidiendo la bendición del papa. Murió el día 24, dejando a un esposo compungido que, a pesar de todo, no tardó en convertir en su amante reconocida a la hija de un sombrerero local.

Lucrecia recibió sepultura rodeada de un halo de virtud muy alejado de la leyenda denigratoria. La Historia —no nos cansaremos nunca de decirlo— tiene esas paradojas.

Las más hermosas cartas de amor

Desde 1503 —el año en que murió su padre— y hasta 1519, Lucrecia Borgia mantuvo una correspondencia con Pietro Aretino. La fecha de inicio es significativa y podría indicar hasta qué punto la mujer no se había sentido libre para dar rienda suelta a sus sentimientos hasta la muerte de Alejandro VI. Aunque se ha insistido en considerarlas «las más hermosas cartas de amor», lo que aparece en estos escritos es bien distinto. Son los testimonios de una mujer que añora la España en la que no nació, que aprovecha para escribir en castellano en cuanto puede y que expresa las pequeñas miserias de la existencia entrelazadas con sus modestos anhelos de vida y belleza. Aretino fue más afortunado. En 1522, con los cincuenta cumplidos, se estableció en Padua al lado de una joven llamada Morosina.

SEXTA PARTE

La Reforma

La Edad Media concluyó con una verdadera crisis de la Iglesia católica. El papado había oscilado entre diversas alianzas que, ocasionalmente, habían aumentado su influencia política, pero debilitado enormemente su autoridad espiritual. Durante setenta años, la sede papal se trasladó a Aviñón para convertirse en un mero departamento de la monarquía francesa. Inmediatamente después, tuvo lugar el Cisma de Occidente que enfrentó a los papas de Aviñón con los de Roma y que llegó a derivar en la existencia de cuatro papas simultáneos. No resulta extraño que el clamor de reforma se extendiera por toda la Iglesia aunque, como quedó demostrado por los intentos de Isabel la Católica, no se vieran acompañados por el éxito. Las peticiones de personajes tan diversos como Tomás Moro, Erasmo de Rotterdam o los hermanos Alfonso y Juan de Valdés acabarían encontrando su eclosión —una eclosión que no pocos de ellos no habrían deseado en la forma en que se produjo— en la lejana Alemania y, acto seguido, en más de media Europa. Para este apartado he escogido a tres personajes esenciales en la Historia de la Reforma. Los dos primeros —Lutero y Calvino— serían dirigentes indiscutibles de la Reforma; el tercero, el español Miguel Servet, abogó por una Reforma más radical —y herética— que sería cuestionada no sólo por la Iglesia Católica sino también por las reformadas.

CAPÍTULO DECIMOQUINTO
Martín Lutero

A finales del siglo XV existía una angustiosa coincidencia en el corazón de millones de personas: la iglesia occidental necesitaba una profunda reforma que le devolviera el espíritu contenido en el Nuevo Testamento. Propugnada por humanistas y eruditos especialmente, la Reforma finalmente vendría impulsada por un monje agustino de origen alemán. Su nombre era Martín Lutero.

El siglo XV resultó especialmente dramático en la Historia de la iglesia occidental. El papado se veía sumido, sin duda, en un innegable descrédito. Tras abandonar Roma y marchar a Aviñón en servil sumisión al rey de Francia, la Santa Sede se vio ocupada simultáneamente por dos pontífices e incluso, en un momento dado, por cuatro, que se excomulgaban entre sí. El denominado cisma de Occidente fue concluido por la intervención directa del emperador alemán y la convocatoria de un concilio, pero quedó sin establecer claramente si el papa era superior al concilio o viceversa, se perpetuó la necesidad de cambiar las relajadas costumbres de un clero corrupto e ignorante, y para muchos resultó mas imperativa que nunca la tarea de devolver al pueblo un Evangelio puro. De Erasmo de Rotterdam a Tomás Moro, de Isabel la Católica a Cisneros, nadie discutía la necesidad de esa reforma. En buena medida, tampoco se cuestionaba el camino: un regreso al estudio de las Escrituras que permitiera purificar una lamentable vida espiritual. Así, si Erasmo editaba su versión del Nuevo Testamento, en España, Cisneros impulsaba la Biblia Políglota Complutense. Con todo, no pasaba de ser un esfuerzo de, por y para eruditos. El salto de la Reforma como proyecto de notables a vivencia del pueblo vendría iniciado por un monje agustino llamado Martín Lutero.

Había nacido en Eisleben el 10 de noviembre de 1483, en el seno de una familia de campesinos acomodados. Tras estudiar en Mansfeld, Magdeburgo y Eisenach, ingresó en la Universidad de Erfurt. Su padre deseaba que estudiara Derecho, pero el joven Martín, atrapado en medio de una tormenta, había prometido a santa Ana convertirse en monje si salvaba la vida, y decidió ahora cumplir su palabra. Así, en el verano de 1505 entró en el monasterio de los agustinos de Erfurt. Al año siguiente profesó como monje, y en 1507 se ordenó sacerdote. En 1512 se doctoró en teología y asumió la cátedra de Teología Bíblica. Fue precisamente mientras enseñaba —como teólogo católico— cuando redescubrió un principio esencial de la enseñanza del Nuevo Testamento y que había sido formulado claramente por Pablo de Tarso: la justificación del ser humano ante Dios no deriva de sus propias obras, y méritos sino de aceptar por fe el sacrificio expiatorio que Cristo había realizado en la cruz. En otras palabras, cuando se comparan nuestras acciones con lo que exige la ley de Dios lo que se descubre de manera innegable es que somos pecadores y que Dios puede castigarnos legítima y merecidamente. Sin embargo, a ese pecador culpable se le anuncia una Buena Nueva, un Evangelio, y es que el inocente Jesús murió en su lugar pagando la culpa de sus pecados. Si acepta esa situación por la fe obtendrá la salvación y podrá vivir una nueva vida.

Semejante visión no causó inicialmente en Lutero ninguna sensación de choque con la teología católica, en parte, porque ésta no estaba tan perfilada como después del Concilio de Trento; en parte, porque no pocos autores habían sostenido puntos de vista similares; y, en parte, porque el aislamiento monástico no le enfrentaba con situaciones de fricción. Esa circunstancia se quebró en 1517, cuando comenzó a predicarse una indulgencia cuya finalidad era conseguir más fondos para construir la basílica de San Pedro en Roma. En respuesta, el 31 de octubre de 1517, Lutero fijó en el pórtico de la iglesia de Todos los Santos de Wittenberg sus 95 Tesis sobre las indulgencias. Lutero razonaba que era absurdo — y antibíblico— creer que el papa podía sacar a los que padecían en el purgatorio a cambio de dinero para construir una basílica y no dar ese paso por pura misericordia. Las tesis sólo pretendían, de acuerdo con el principio propio de las universidades medievales, plantear un debate público, pero la reacción fue extraordinaria.

El 1 de enero de 1521, tras varios intentos de que Lutero se retractara, el papa León X —un Médici corrupto poco interesado en la reforma de la Iglesia, pero al que Lutero se negó a atribuir la decisión— lo excomulgó en el curso de una cacería. Sin embargo, buena parte de Europa sentía que Lutero sólo decía en alto lo que muchos pensaban en secreto. Erasmo comentó, un tanto cínicamente, que la enseñanza de Lutero sólo tenía dos errores: atacar la tripa de los clérigos y el poder político del papa.

En abril de 1521, Lutero, provisto de un salvoconducto, compareció ante el emperador Carlos V en la Dieta de Worms, pero se negó a retractarse si no se le probaba con la Biblia que estaba equivocado. Lutero hubiera podido arder en la hoguera como Huss el siglo anterior, de no ser porque el elector de Sajonia, Federico el Sabio, le dio cobijo en el castillo de Wartburg, una reclusión que el teólogo aprovechó para iniciar su traducción del Nuevo Testamento del original griego al alemán.

Lutero habría deseado dedicarse al trabajo de traducción y reflexión teológica, pero no fue posible. La crítica de la autoridad papal que había formulado sólo en términos espirituales pronto se extendió a otras áreas de la vida y se tradujo, entre otras cosas, en sublevaciones en el agro. Inicialmente, Lutero apoyó las reivindicaciones de los campesinos, pero cuando éstos se entregaron a la violencia y al pillaje, se opuso a sus acciones y abogó por la restauración del orden de la manera más drástica. Sería ése uno de los aspectos que más se criticaría posteriormente de su trayectoria, pero resulta difícil saber si otra alternativa hubiera sido mejor. Inmerso en una misión medularmente espiritual, Lutero ansiaba que el evangelio llegara al pueblo, pero no acaudillar revoluciones.

En 1525 se casó con Catalina de Bora, una antigua monja. El matrimonio fue muy feliz, pero se convirtió en otra de las circunstancias esgrimidas para atacar a Lutero en una época en la que, precisamente, la moral del clero —y de no pocos fieles— no pasaba por sus mejores momentos. En 1532, Lutero coronó la traducción completa de la Biblia partiendo de las lenguas originales, una verdadera muestra de erudición cuya calidad ha sido reconocida por especialistas de distintas confesiones. A esas alturas, parecía obvio que no habría un concilio que zanjara las diferencias entre los partidarios de la Santa Sede y los de la Reforma, y Lutero se dedicó a crear un nuevo organismo eclesial sobre la base de la Biblia y a desarrollar una extraordinaria labor teológica que ocupa 54 volúmenes en su edición moderna. Ya no era el único que seguía ese camino.

A partir de 1537, la salud de un sobreatareado Lutero empezó a deteriorarse. En 1546 se solicitó su mediación en un conflicto surgido entre dos nobles alemanes. A pesar de su delicado estado de salud, acudió y logró solventar el litigio. Fue su última acción cristiana. El 18 de febrero de 1546, falleció, de manera extraordinariamente tranquila, en Eisleben.

Los tres «solos» de la Reforma

A pesar de que las denominaciones surgidas de la Reforma son muy numerosas, lo cierto es que todas ellas coinciden en un importante tríptico teológico: *Sola Scriptura, Sola Fide, Solo Christo*. *Sola Scriptura* significa que Dios se ha revelado sólo a través de la Escritura, de la Biblia, y, por lo tanto, no existe obligación de creer en nada que no esté contenido en sus páginas aunque así lo establezcan el papa o los concilios. La Biblia es la autoriadad final. *Sola Fide* implica que somos culpables ante Dios por nuestros pecados, y para obtener el perdón —que Dios nos declare justos— tenemos que recibir por fe el sacrificio de Jesús en la cruz. La salvación no deriva, pues, de nuestros medios, sino de la gracia amorosa de Dios que recibimos mediante la fe (Romanos 5, 1; Efesios 2, 8-9). *Solo Christo* hace referencia al hecho de que el cristianismo es fundamentalmente Cristo. Sólo Él nos salva y sólo Él es nuestro mediador ante Dios (I Timoteo 2, 5), lo que excluye otras mediaciones como las de María o los santos.

CAPÍTULO DECIMOSEXTO
Juan Calvino

*Las obras de Lutero estuvieron marcadas por un impulso
pastoral y polémico. Aunque fue un gran comentarista de las
Escrituras, nunca redactó una teología sistemática de carácter reformado. Semejante tarea recaería en una de las mentes más prodigiosas del siglo XVI, la de un francés llamado
Juan Calvino.*

Juan Calvino nació en Noyon en 1509. De manera curiosa, su familia lo tuvo destinado desde el principio a la
práctica de tareas eclesiales. Su padre fue consiguiendo
con el paso de los años desempeñar las funciones de notario de la ciudad, abogado de la oficialidad, procurador
fiscal, secretario del obispo y procurador del cabildo cate-
dralicio. Esta cercanía impulsó al obispo de Noyon a favorecer a sus hijos, y así Juan obtuvo a los doce años su
primer cargo eclesiástico (1521) y en 1527 el segundo.
Las rentas derivadas de los mismos permitieron que Juan
Calvino pudiera pagarse sus estudios, que cursó primero
en Noyon y luego en París. Fue en esta última ciudad

donde oyó hablar del luteranismo, ya que uno de sus profesores no perdía ocasión de atacarlo.

En 1529, Calvino se trasladó de París a Orleans para continuar sus estudios, que ya no serían eclesiásticos sino jurídicos. Semejante cambio se debía a los deseos de su padre, que se había enemistado con el cabildo de Noyon. Encargado de liquidar la herencia de dos canónigos, las cuentas que presentó no resultaron satisfactorias a sus superiores, y siguiendo un recurso muy habitual en la época —que padeció, por ejemplo, el mismo Cervantes— la Iglesia, que se sintió menoscabada en sus intereses materiales, lo excomulgó. En Orleans, Calvino inició los estudios de Derecho, pero también siguió desarrollando una formación humanística ya comenzada en París. Perfeccionó así su latín —llegaría a convertirse en un extraordinario latinista— y aprendió griego.

En 1531, el padre de Calvino falleció, y puesto que seguía excomulgado, la familia tuvo que sufrir buen número de humillaciones y asegurar que pagaría sus deudas para lograr que le dieran sepultura en tierra cristiana. Resulta tentador pensar que acontecimientos de este tipo dejaron su influencia en la mente y el corazón de Calvino, pero lo cierto es que no contamos con ninguna fuente —incluido él mismo— que pueda confirmar esa circunstancia. De momento, el joven siguió cultivándose en áreas como el estudio del griego y del hebreo e incluso publicó en 1532 su primera obra, que consistió en un comentario al *De Clementia* de Séneca.

La situación cambió de manera radical a finales de 1533 cuando Calvino confesó públicamente que se había convertido al cristianismo reformado. Cuándo dio este paso es algo que se desconoce, pero, según propia confesión, fue precedido por luchas internas de no escasa envergadura. Él mismo reconocería que había «resistido valiente y esforzadamente» la posibilidad de abandonar la Iglesia católica y que en ello le habían influido tanto el respeto por ella como los desacuerdos que había contemplado en los teólogos protestantes en relación con un tema como el de la Eucaristía.

Francia era un país donde la Reforma había prendido con notable fuerza pero, precisamente por ello, también donde la Iglesia católica estaba a la espera de poder acabar con cualquier brote de protestantismo. Calvino se vio así obligado a huir de París en noviembre de 1533 y una cincuentena de personas relacionadas con él fue arrestada. Durante los meses siguientes recorrió diversas localidades (entre ellas, París, que tuvo que volver a abandonar) y renunció a la totalidad de sus beneficios eclesiásticos, que consideraba incompatibles con su nueva fe. Finalmente, a inicios de 1535 abandonó Francia. Se refugió entonces en Basilea, donde buscaba la tranquilidad que le permitiera profundizar en el estudio de las Escrituras y para lograrlo llegó al punto de ocultar su nombre. Sin embargo, a pesar de sus deseos, pronto iba a verse arrancado de su anonimato y proyectado a una actividad que, con seguridad, no podía haber previsto.

En aquella época la persecución de los protestantes en Francia era un hecho pero, para que semejante acción no causara la cólera de los luteranos alemanes, los agentes del rey insistían en que sólo estaban proscritos los anabautistas. Calvino decidió enfrentarse con aquella situación en un libro que sería dirigido al propio Francisco I, rey de Francia. Se trató de la *Institución de la religión cristiana*, que no pretendía inicialmente ser más que un resumen de la fe cristiana desde una óptica reformada. Hasta entonces, los autores de esta orientación teológica habían escrito con profusión y contundencia, pero se habían detenido fundamentalmente en áreas de controversia con el catolicismo y apenas habían abordado los dogmas sobre los que existía un acuerdo. La pretensión de Calvino era cubrir ese vacío con un libro relativamente breve que no sólo instruyera a los creyentes, sino que además mostrara a los gobernantes lo razonable de su fe y por qué ésta debería verse exenta de la persecución.

La primera edición de la *Institución* apareció en Basilea en 1536. La obra contaba con 516 páginas, pero había sido impresa en un formato pequeño de tal manera que pudiera caber en un bolsillo de los que entonces iban unidos a la ropa y de esa manera se facilitara su distribución en Francia y otros países. De carácter muy sencillo, se dividía sólo en seis capítulos, de los cuales los cuatro primeros se ocupaban de la ley de Dios, la explicación del Credo Apostólico, el Padrenuestro y los sacramentos, y los dos últimos —más en la línea apologética— exponían la postura reformada sobre los sacramentos católicos que no se apoyaban en la Biblia —y que, por tanto, había que rechazar— y sobre la libertad cristiana. La claridad y sencillez de la exposición, el recurso constante a las Escrituras para argumentar sus puntos de vista, la redacción en latín para permitir la lectura de todas las personas cultas sin distinción de origen y, muy especialmente, el vacío existente otorgaron al libro un éxito extraordinario. La edición se agotó en nueve meses.

Tras la edición latina de 1536, se publicó otra en 1539 en Estrasburgo también en esta lengua. Dos años después apareció en Ginebra la primera edición francesa —que constituye un auténtico monumento literario de esta lengua—, y desde ese momento, las ediciones fueron apareciendo casi simultáneamente en latín y francés en 1543 y 1545, 1550 y 1551, y 1559 y 1560.

A lo largo de estos años, Calvino se vio obligado a ampliar las ediciones de la obra, que fue adquiriendo progresivamente unas dimensiones más extensas. Lejos de tratarse de un breve manual de seis capítulos como el de 1536, las ediciones latina y francesa de 1559 y 1560 respectivamente se dividen ya en cuatro libros con un total de ochenta capítulos. El primer libro se ocupa de Dios y de Su Revelación, de la creación y de la naturaleza del ser humano. El segundo está dedicado al tema de Dios como redentor. El tercero analiza la manera en que la acción del Espíritu Santo nos permite participar de la gracia de Dios manifestada en Jesucristo y también los frutos que produce. El cuarto, finalmente, estudia los «medios externos» —la Iglesia y los sacramentos— para esa participación.

En 1536, la ciudad de Ginebra se pronunció en favor de la Reforma gracias a los esfuerzos de Guillermo Farel. Sabedor éste de que Calvino pernoctaba en la ciudad de camino hacia Saboya, fue a visitarlo y lo convenció para que permaneciese en Ginebra. Calvino tan sólo tenía veintiséis años, pero ya disfrutaba de un enorme prestigio y aceptó. Aquella experiencia reformadora duró poco, y concluyó con la invitación del consistorio de la ciudad para que la abandonara. Se retiró entonces a Estrasburgo, donde se dedicó a la enseñanza de la teología.

En 1541, los ginebrinos volvieron a llamar a Calvino. Comenzó así un período de un cuarto de siglo de extraordinaria relevancia para la historia de Occidente. Durante ese período tuvo lugar la condena a la hoguera de Miguel Servet. Aunque es habitual, especialmente en autores católicos, culpar de ese hecho a Calvino, sus cartas dejan de manifiesto que luchó para que rectificase y así mitigar su condena. Aquella conducta excepcional recordaba a las acciones sistemáticas de la Inquisición y provocó una reacción inmediata en el campo reformado. A fin de cuentas, la bula de excomunión de Lutero condenaba entre otras proposiciones la de negar que fuera lícito quemas herejes. La Reforma no podía caer en esa conducta tan habitual en el catolicismo y que no sería lamentada formalmente hasta finales del siglo XX con Juan Pablo II. En 1554, Sebastián Castellión o Châtellon escribió *De herectis an sint persequendi,* un verdadero «manifiesto de la tolerancia», que fue traducido al castellano por el también protestante Casiodoro de Reina, español y traductor de la Biblia.

Extraordinariamente frugal, durante toda su vida, Calvino mantuvo su salario de cien coronas, rechazando el de un prebendado que le ofrecieron, y rehusó aceptar más mientras vivió en Ginebra. Al morir a los cincuenta y cinco años, tan sólo dejó trescientas coronas a sus herederos, incluyendo el valor de su biblioteca, que se vendió a gran precio. De igual manera, se negó a que proporcionaran puestos a uno de sus hermanos que se trasladó a Ginebra a vivir con él. Por el contrario, le hizo aprender el oficio de encuadernador de libros, con el que se ganó la vida. Se trataba de un ejemplo de laboriosidad, honradez e incorruptibilidad que marcaría a sus seguidores en los siglos venideros.

Calvino y su influencia

La influencia de Calvino iba a resultar extraordinaria en los siglos siguientes, pero lo más relevante es que excedería con mucho el ámbito de lo meramente religioso y marcaría el desarrollo de naciones enteras. Para empezar, tuvo un influjo extraordinario en el campo de la educación. Mientras la fe católica insistía —aún más todavía tras Trento— en excitar la fe de los fieles mediante el culto a las imágenes religiosas, el calvinismo incidía en que los niños desde edad temprana pudieran desentrañar por sí mismos el contenido de la Biblia. Su insistencia en el hecho de que la fe reformada era una religión del libro tuvo como consecuencia directa una alfabetización casi generalizada —y con ella el inicio de la educación pública— en las zonas de Europa seguidoras del calvinismo. Si, por citar un ejemplo cercano, el número de analfabetos en España a mediados del siglo xx superaba al cincuenta por ciento de la población, la alfabetización casi total era una conquista obtenida desde siglos atrás en países calvinistas. En segundo lugar, influyó extraordinariamente en la visión del trabajo. El catolicismo medieval, partiendo de ciertas corrientes orientales y helenistas, había insistido en contemplar el trabajo como un castigo divino descargado sobre el género humano y en presentar la pobreza como un estado especialmente querido por Dios y seguido por aquellos que buscaban la perfección. En clara oposición —y partiendo una vez más de la Biblia— el calvinismo insistió en considerar el trabajo como una bendición entregada por Dios al hombre que le permitía transformar el mundo con su acción y glorificar al Creador. Por otro lado, aunque extraordinariamente frugal y morigerado, señaló que la pobreza no era un bien, sino una desgracia, y que resultaba obligado intentar salir de la misma mediante el esfuerzo personal.

Esta combinación de aprecio por el trabajo bien hecho fuera cual fuera siempre que se desempeñara con honradez, por el ahorro, por la instrucción y por la salida de la miseria tuvo como consecuencia directa el desarrollo del capitalismo. Éste había nacido en las ciudades católicas de Italia a finales de la Edad Media, pero la psicología social en medio de la que había intentado desarrollarse no podía favorecerlo. Finalmente, acabó siendo patrimonio casi exclusivo de los países marcados por el calvinismo, que fueron los primeros en conocer la revolución industrial.

Por último, el calvinismo iba a tener una influencia extraordinaria en conceptos como los de tolerancia ideológica o división de poderes. La base fundamental para ello no era una creencia utópica en la bondad del ser humano sino, por el contrario, la desconfianza radical hacia la naturaleza humana dañada por la Caída. Precisamente porque el hombre es un ser manchado por el pecado, las instancias de poder debían estar separadas para evitar la tiranía en la que, por razón natural, se acabaría cayendo. Por eso también, la Iglesia debía estar separada del Estado. Al respecto, no deja de ser significativo que mientras las hogueras de la Inquisición se alimentaban con centenares —incluso millares— de víctimas en la Europa católica, a Calvino sólo se le pueda imputar la ejecución de Servet, una ejecución a la que él se opuso personalmente y que además había sido decretada con anterioridad por las jerarquías católicas. Tampoco es extraño que las iglesias reformadas alzaran en el lugar de la ejecución de Servet un monumento pidiendo perdón por su muerte.

La visión del Estado propia del calvinismo, en un primer momento, se tradujo en una tolerancia desconocida en el resto de Europa. Mientras en los países católicos no existía y en los protestantes se limitaba a determinadas confesiones, en la calvinista Holanda del siglo XVII se extendió a todos, incluyendo confesiones tan desprotegidas como los judíos o los anabautistas, o en la Inglaterra del mismo siglo a los cuáqueros y a otros *dissenters*. Cuando se produzca el nacimiento de los Estados Unidos de América tanto el principio de separación de Iglesia y Estado como el de división de poderes se conjugarán dando nacimiento a la primera democracia contemporánea.

La combinación de democracia y capitalismo otorgaría pronto a los países protestantes una superioridad sobre sus rivales occidentales que compensaría el hecho de ser no pocas veces más pobres materialmente que ellos. Ese desfase, de hecho, se ha perpetuado hasta el día de hoy en buena medida. Las raíces de esa auténtica revolución económica, social y política es hija de una previa espiritual, la que, cambiando la Historia, fue expuesta de manera sistemática en la *Institución de la religión cristiana* de Calvino.

Miguel Servet

La figura de Miguel Servet es una de las más paradójicas de la historia del siglo XVI. Descubridor de la circulación de la sangre, dedicó mucho más esfuerzo a defender tesis anticientíficas como la astrología; convertido en símbolo de la libertad, sus escritos dejan de manifiesto una mente fanática y cerrada; condenado a la hoguera por la Inquisición católica, fue quemado en la Ginebra de Calvino. Resultó, a fin de cuentas, un paradigma de las tensiones de su época.

Durante siglos ha sido objeto de controversia el lugar de nacimiento de Miguel Servet. Hoy en día sabemos que no vio la primera luz en Tudela, sino que, por el contrario, nació en el enclave aragonés de Villanueva de Sijena en 1511. No resulta extraño, por tanto, que se definiera después como «aragonés de España». Perteneciente a una familia de cierto abolengo —su padre era notario real— en su juventud se vio favorecido por fray Juan de Quintana, uno de los personajes que acompañaba a la corte de Carlos V. Quintana sería esencial para la vida de

Servet porque le puso en contacto con un mundo en verdadera ebullición en el que no sólo se cuestionaba el aparato de la Iglesia medieval, sino que además se reconfiguraba Europa. Se ha especulado con la posibilidad de que en esa época estuviera en Augsburgo y conociera a algunos de los principales teólogos luteranos, pero no existe prueba al respecto. Sí consta que viajó a Basilea con la intención de conocer a Erasmo. El humanista se encontraba ausente, pero Servet pudo entrevistarse con algunos teólogos protestantes como Bucero o Capitón. Por esas fechas, Servet había redactado su libro *Acerca de los errores de la Trinidad* e intentó inculcarles sus tesis. Como era de esperar, fracasó. La Reforma implicaba un esfuerzo por regresar al cristianismo del Nuevo Testamento y, lógicamente, partiendo de esa base no cabía negar la doctrina de la Trinidad. Con todo, los dirigentes protestantes no iniciaron ningún tipo de proceso contra el aragonés. Muy distinta —e inmediata— sería la reacción de la Iglesia católica, que decidió prenderlo para condenarlo a la hoguera.

Desilusionado por su fracaso, Servet marchó a Lyon, donde se estableció bajo el nombre falso de Miguel de Villanueva. La acción fue prudente porque la Inquisición católica había puesto en marcha el 22 de mayo de 1532 la maquinaria para acabar con él. En un intento de capturarlo, los inquisidores recurrieron a Juan, un hermano de Miguel que era clérigo. Juan debía llegar hasta el hereje y, recurriendo al engaño, conducirlo hasta un territorio donde pudiera ser apresado por los agentes de la Inquisición. Lo cierto, sin embargo, es que quizá Juan fue vencido por la fuerza de la sangre o quizá Miguel no se dejó engañar. El caso es que el plan fracasó. Juan fue depuesto de sus funciones clericales y Miguel escapó de la Inquisición. Fue entonces cuando conoció a Sinforiano Champanier, que lo encauzó hacia la medicina. Servet se sumergió entonces en el estudio de esta disciplina y también en el de la astrología, lo que tuvo una clara influencia en su destino.

Curiosamente, Servet ha merecido pasar a la Historia como descubridor de la circulación menor de la sangre, pero él mismo no le dio importancia. De hecho, expuso el tema en el seno de una obra de teología, mientras que dedicaba varias a defender la influencia de los astros en el comportamiento de los seres humanos. El obispo de Vienne, también aficionado a la astrología, escuchó algunas conferencias de Servet en París sobre este tema y decidió convertirlo en su médico personal. Durante un tiempo se encontró a salvo, pero la Inquisición no estaba dispuesta a dejar escapar su presa y Servet fue detenido en Vienne. Logró escaparse durante la madrugada del 7 de abril de 1553, pero el 17 de junio, la Inquisición católica le declaró culpable de todos los cargos y le condenó a ser quemado a fuego lento y, de no comparecer, en efigie. Fue entonces cuando el aragonés tomó una decisión que nunca ha quedado suficientemente explicada y que, al fin y a la postre, le costó la vida.

En lugar de dirigirse hacia Italia, donde los anabautistas le hubieran ofrecido refugio, Servet se encaminó a Ginebra. Aunque la ciudad estaba gobernada por un consejo municipal, la influencia moral que sobre la opinión pública tenía el reformador Juan Calvino era enorme.

Tanta que un partido conocido como los libertinos planeaba entonces su expulsión. Servet había escrito a Calvino en el pasado exponiéndole sus posiciones teológicas, pero el teólogo no se había molestado en responderle. El 13 de agosto, Servet acudió a desafiarle en la iglesia donde estaba predicando. Inmediatamente fue detenido. El proceso duró un par de meses en los que Servet, como otros antes y después, aprovechó el banquillo para hacer propaganda de sus ideas. No sólo eso. Acusó a Calvino de hereje y brujo, quizá en un intento de atraerse a los enemigos del teólogo. Si era lo que pretendía, fracasó. A pesar de los esfuerzos de Calvino por mitigar su pena, el 27 de octubre de 1553, el testarudo aragonés ardía en la hoguera.

El monumento protestante a Servet

La ejecución de Servet abrió una herida en el seno del protestantismo. León X había excomulgado a Lutero, entre otras razones, porque el reformador había afirmado que no podía considerarse conforme a la voluntad divina la persecución de los herejes. De la misma manera, el principio de libertad de conciencia fue reconocido legalmente a instancia de los luteranos alemanes y llevado a su máxima expresión por los calvinistas holandeses. No resulta por ello extraño que, a diferencia de lo sucedido en otros medios, los protestantes de Ginebra alzaran un monumento «expiatorio» justo en el lugar donde el consistorio de la ciudad había ejecutado a Servet. Como si se tratara de un reconocimiento a su labor médica también, enfrente se alza el hospital cantonal.

SÉPTIMA PARTE

La Contrarreforma

La Reforma encontró de manera inmediata una respuesta católica. Lamentablemente, ésta tardó en ser teológica y se centró durante décadas fundamentalmente en aspectos represivos y políticos. La denominada «Contrarreforma» logró abortar los esfuerzos reformadores en países como España e Italia, pero, al fin y a la postre, no logró impedir que media Europa se sumara al campo de la Reforma. En el presente apartado, hemos recogido a cuatro personajes paradigmáticos de este período: María Tudor, que, por corto tiempo, devolvió a Inglaterra a la obediencia papal; Felipe II, que desangró su imperio en la causa de la Contrarreforma; Isabel Tudor, que significó el triunfo definitivo de la Reforma en Inglaterra, cambiando de manera definitiva la Historia, y el cardenal Richelieu, un católico contrarreformista que, al contrario de los monarcas españoles, no estuvo dispuesto a que los intereses de la Santa Sede perjudicaran a los de su nación.

CAPÍTULO DECIMOCTAVO
María Tudor

Pudo significar la reinstauración del catolicismo en Ingla-
terra y la continuación de la alianza hispanoinglesa de la
Edad Media. Un hijo suyo y de Felipe II hubiera significa-
do quizá el triunfo del proyecto imperial de Carlos V. Al fi-
nal, todo quedó reducido al fracaso y la frustración. La cau-
sa fue la esterilidad.

El 18 de febrero de 1516, en Londres, vio la primera luz
María, hija del monarca inglés Enrique VIII, y de su esposa Catalina de Aragón, hija de los Reyes Católicos. Su
nacimiento fue una desilusión para su padre en la medida en que hubiera deseado tener un hijo varón sobre el
que pudiera recaer la corona. A decir verdad, el hecho
de que no fuera varón pondría en marcha un proceso político que culminaría con un cisma religioso, el que sepa-
raría a Inglaterra de la iglesia católico romana.

En contra de lo que suele afirmarse repetidamente,
Enrique VIII, a diferencia de otros gobernantes del siglo XVI,
no había sentido nunca la necesidad de emprender una

reforma religiosa y, llegado el caso, optó por el cisma, pero no por la Reforma protestante. Sólo en 1552, un lustro largo después del fallecimiento de Enrique VIII, se procedió a la aprobación de una confesión de fe de contenido reformado. Con todo, la situación distaba mucho de haber quedado zanjada. En 1553 murió el piadoso y protestante Eduardo VI y el temor a una alteración demasiado drástica de la situación permitió en tan sólo unos días que María Tudor, hija de Enrique VIII y hermana de Eduardo VI, precipitara un golpe de estado que puso la corona en sus manos.

Para el emperador Carlos V, la llegada al trono de María Tudor significó un acontecimiento de enorme relevancia. Ante él se abría la posibilidad de reconducir a Inglaterra a la obediencia a Roma y así reconstruir la alianza hispanoinglesa contra Francia que había existido en los primeros años de Enrique VIII. Con tal finalidad, solicitó la mano de María en nombre de su hijo Felipe que, a la sazón, era viudo desde hacía nueve años. Que la reina tuviera doce años más que el príncipe Felipe, que resultara poco agraciada o que fuera tía segunda del pretendiente no se consideraron obstáculos para el plan. Es cierto que Felipe —que manifestó a su padre por carta que se sometía al proyecto porque «soy hijo obediente y no tengo más deseo que el suyo» (el del emperador)— no estaba enamorado, pero María sí estaba profundamente ilusionada con la idea del enlace. Hasta entonces había sido una princesa fea, solitaria, sin afectos. Ahora tenía la posibilidad —y de un solo golpe— de verse amada, de casarse con un atractivo príncipe y de que de su vientre naciera un heredero que no sólo uniera Inglaterra a España, sino que además permitiera el triunfo de la Iglesia católica.

Las capitulaciones matrimoniales se firmaron en Londres, representando a la parte española el conde de Egmont, y la boda se celebró por poderes el 5 de enero de 1554. El mes de mayo del mismo año, Felipe inició su viaje a Inglaterra. El 19 de julio, llegó el príncipe Felipe a Inglaterra y, finalmente, el 25 se encontró por primera vez con María. Se celebraron inmediatamente la ratificación nupcial y la misa de velaciones, y la luna de miel transcurrió en el castillo de Windsor. Los comentarios de los contemporáneos señalan que la mayor preocupación de todos era que María quedara embarazada cuanto antes y, al respecto, no eran pocos los ingleses que afirmaban que, una vez encinta de un heredero, Felipe podía regresar a España por donde había venido.

A comienzos de 1554 comenzó a extenderse la noticia de que la reina estaba embarazada. A finales de noviembre, se comunicó al Consejo oficialmente la existencia del embarazo, dándose cuentas igualmente al Parlamento. De manera bien significativa, se ordenó a los obispos la celebración de misas de acción de gracias así como que en todos los oficios divinos se incluyeran preces por los reyes y el futuro príncipe. El 3 de enero de 1555, el Parlamento, que se había mostrado tan dócil con María como con su padre, votó el regreso a la obediencia a Roma y el final del cisma. Inglaterra volvía a ser oficialmente católica.

María, pronto apodada *la Sanguinaria* —*la Bloody Mary* que acabaría dando su nombre a un cóctel—, devolvió a Inglaterra al seno de la Iglesia de Roma y ejecutó a 273 protestantes mientras los exiliados se elevaban a centenares. Sin embargo, llegó la fecha, pasó, y no se produjo el esperado alumbramiento. Posiblemente, María padeció un embarazo histérico y, de hecho, estuvo durante varios días sentada con la cabeza a la altura de las rodillas para facilitar un parto que nunca tuvo lugar. Tan confiados estaban María, Felipe y las cortes católicas en que Dios tenía que ayudar la causa romana con aquel nacimiento que el golpe resultó descomunal, aunque no faltó en seguida quien pensó en obtener beneficio de la situación. Bonner, el obispo de Londres, anunció a la reina que el episodio no era sino un castigo divino por no llevar a cabo con suficiente entusiasmo la persecución de los protestantes. María tomó buena nota del consejo episcopal y en los tres meses siguientes fueron quemadas en la hoguera cincuenta personas relacionadas con la fe de la Reforma. Sin embargo, a esas alturas, las esperanzas de embarazo habían disminuido considerablemente.

Cansado de esperar una preñez que no se producía, Felipe decidió abandonar el país y el 29 de agosto de 1555 zarpó en dirección a Flandes. Durante los siguientes años, el español no dejó de unir una excusa a otra para no regresar al tálamo de su regia esposa. En marzo de 1557, volvió a cruzar el canal con la intención de afianzar la alianza contra Francia. La reina le recibió pletórica de alegría porque a sus cuarenta y dos años no había perdido la esperanza de quedar embarazada de su joven esposo. Hasta primeros de julio del mismo año, quedó Felipe a su lado. Marchó ya de manera definitiva y María volvió a experimentar otro embarazo psicológico que esta vez ya no convenció a nadie.

María, sin embargo, no perdía la esperanza de una intervención divina que la favoreciera a ella, fiel hija de la iglesia de Roma y restauradora del catolicismo en Inglaterra. En su testamento iba a señalar que se creía embarazada. Se equivocaba y, para colmo, no iba a tardar en morir.

Se ha especulado mucho con su enfermedad, apuntándose desde la hidropesía cardíaca al cáncer abdominal pasando por la peritonitis tuberculosa de forma ascítico-tumoral. Nada es seguro. Sí parece mejor establecido que contrajo una gripe que la llevó en agosto a guardar cama inexcusablemente. El 17 de noviembre de 1558, comparecía ante el juicio del Dios al que había creído servir.

El consuelo de Felipe

Felipe hizo todo lo que pudo para dejar encinta a María Tudor. Con todo, no cabía engañarse. Una cosa era sacrificarse en el tálamo por la causa de España y de la Iglesia católica y, otra muy distinta, renunciar al placer sexual. El disfrute que Felipe, presumiblemente, no encontraba en María, no tardó en hallarlo en otros cuerpos femeninos. Durante su breve estancia en Inglaterra, Felipe mantuvo relaciones íntimas, como mínimo, con Catalina Laínez, con una panadera y con Magdalena Dacre, doncella de honor de la reina María Tudor. Según se desprende de fuentes de la época, fruto de aquellos devaneos extraconyugales fueron algunos bastardos.

CAPÍTULO DECIMONOVENO
Felipe II

La figura de Felipe II ha sido objeto de los juicios históricos más encontrados. Para la mayoría de los españoles de su época se acercó a la imagen del santo canonizable consumada durante su agonía. Por el contrario, para sus enemigos fue una especie de paradigma del mal al que denominaban el «demonio del mediodía». En realidad, Felipe II fue un monarca extraordinariamente trabajador, convencido de sus ideas, nada lejano de la realpolitik e incomparablemente culto.

Nacido en 1527 e hijo de Carlos I de España y V de Alemania y de Isabel de Portugal, Felipe II fue el monarca más poderoso de su tiempo. Esa situación explica sobradamente que su figura provocara grandes adhesiones y profundos odios. Con todo, posiblemente fueran el trabajo y el sentido del deber las cualidades que mejor definirían al rey. Tras recibir una profunda formación humanista de manos de Juan Martínez Silíceo y de Juan de Zúñiga —con seguridad fue el gobernante más culto de su época—, en 1543 comenzó a desempeñar las labores de regente. Felipe no heredaría todos los territorios regidos por su padre, ya que Carlos prefirió dejar el imperio alemán en manos de su intransigente hermano Fernando, pero aun así la monarquía se extendería sobre España, el Rosellón, el Franco Condado, los Países Bajos, Sicilia, Cerdeña, Milán, Nápoles, diversas plazas norteafricanas (Orán, Túnez), Portugal y su imperio afroasiático, toda la América descubierta y Filipinas.

Fundamentalmente, se le presentaban a Felipe II dos problemas al iniciarse su reinado. El primero era zanjar la situación de guerra con Francia, y el segundo, detener la despiadada amenaza islámica que asolaba el Mediterráneo. Francia contaba con el apoyo de la Santa Sede, pero aun así el católico Felipe II no tuvo inconveniente en enfrentarse con ella y, tras obtener las victorias de San Quintín y Gravelinas (1557 y 1558), alcanzó un ventajosísimo acuerdo con la Paz de Cateau-Cambrésis. Más difícil —y sangriento— fue el choque con el islam. A la amenaza de los piratas berberiscos se sumaban las agresiones turcas y la acción de una quinta columna islámica que acabó sublevándose en las Alpujarras. El levantamiento morisco en las Alpujarras (1569-1571) fue de una crueldad extraordinaria —los musulmanes profanaron los lugares de culto cristiano y se complacieron en torturar y asesinar a las poblaciones civiles—, hasta el punto de que no se libró una guerra de semejante dureza en la Península hasta la invasión francesa de 1808. Fue finalmente vencedor en el conflicto el hermano bastardo de Felipe II, don Juan de Austria, a quien corresponderia también la gloria de derrotar a la flota turca y berberisca en la batalla de Lepanto (1571). Este último enfrentamiento —denominado por Cervantes «la mayor ocasión que recuerdan los siglos»— detuvo la ofensiva islámica en el Mediterráneo, aunque sus frutos no fueran todo lo acabados que se esperaba a consecuencia del abandono de Venecia. La importancia de esta lucha queda aún más de manifiesto si se tiene en cuenta que desde 1568 las desgracias se habían ido agolpando sobre Felipe II y que no dejarían de descargarse en años sucesivos.

En 1572, los rebeldes holandeses se apoderaron de Brielle, dejando de manifiesto que las tensiones heredadas de Carlos V en Flandes distaban mucho de aquietarse; en 1575 se produjeron una bancarrota del Estado y la muerte de la princesa Juana, hermana del rey; en 1578 fue asesinado Escobedo, el secretario de don Juan de Austria; en 1579 Antonio Pérez, secretario del rey, fue descubierto en sus tratos con el enemigo y tuvo lugar su caída... Este conjunto de preocupaciones hubieran quebrantado a alguien de ánimo menos fuerte, pero lo cierto es que Felipe II las afrontó a la vez que intentaban solucionar conflictos de notable envergadura. Por ejemplo, en medio de esta espiral de desdichas, en 1580 —el año de la muerte de su última esposa— logró sentarse en el trono de Portugal.

Al fin y a la postre, el monarca tan sólo se vería vencido en su enfrentamiento con los países en los que había triunfado la Reforma. Primero, fue la derrota frente a una evasiva Inglaterra ante la que fracasó la Armada Invencible (1588), un acontecimiento que tanto una como otra parte no dudaron en atribuir a la Providencia en la medida en que el destrozo de la flota española no derivó de los barcos ingleses sino de los elementos. La aventura se repetiría en 1597 y 1601 pero, nuevamente, sin resultados positivos para España.

En segundo lugar estuvo la derrota en Flandes. Si Felipe II, en contra del consejo de su padre, hubiera optado por una política de tolerancia religiosa, los Países Bajos habrían seguido unidos a España perpetuando la histórica alianza entre Castilla y Flandes. La insistencia en extirpar el protestantismo drenaría el tesoro español y acabaría además en un sonoro fracaso de terribles consecuencias. En 1596, España sufría una nueva bancarrota precisamente cuando apoyaba al bando católico en una guerra religiosa que desgarraba Francia.

En 1598, Enrique IV de Francia se convirtió al catolicismo y selló la paz con España. Sin embargo, ésta había quedado peligrosamente debilitada. No menos lo estaba su rey. Ese mismo año entró en una terrible agonía caracterizada por la putrefacción del cuerpo aún en vida y la constante aparición de tumores que eran sajados por los médicos. Su paciencia en el dolor y su devoción hasta el último aliento contribuirían a crear la leyenda de un monarca canonizable que, ciertamente, había convertido a España en espada de la Contrarreforma escribiendo algunas de sus páginas más gloriosas, pero también condenándola así a la decadencia.

El rey más culto de la época

Si alguien piensa que la cultura es una virtud unida a la tolerancia, el ejemplo de Felipe II debería bastar para convencerle de que
esa afirmación es falsa. Felipe II fue religiosamente intolerante e
incluso estuvo presente en autos de fe donde se quemó a protestantes españoles. Sin embargo, fue con diferencia el monarca
más culto de su época. A él se debió no sólo la construcción del
monasterio del Escorial, sino también la formación de la mayor
biblioteca de sus tiempos. Por ella sabemos que el rey estaba interesado en la Historia y en la teología, pero también en la filosofía y en las ciencias ocultas. Trabajador incansable, supo asimismo encontrar tiempo para la lectura. Fue también un gran
coleccionista y dispuso no sólo de una excepcional colección de
reliquias, sino también de pinturas. No le gustaba El Greco, pero
era un verdadero fan de El Bosco y a su afición debemos la magnífica colección de cuadros de este autor que hay en España.

Isabel de Inglaterra

Cuando el 7 de septiembre de 1533 vio la primera luz en Greenwich una niña llamada Isabel nadie hubiera podido imaginar ni su enorme capacidad para sobrevivir ni tampoco la elevada trayectoria a que estaba destinada. Vez tras vez, lograría salvarse de las conspiraciones que tenían como finalidad acabar con ella y, a su muerte, Inglaterra no sólo habría consolidado las ganancias obtenidas por la casa Tudor, sino que se habría convertido en una potencia de primer orden.

El nacimiento de Isabel fue fruto de las relaciones entre Enrique VIII de Inglaterra y Ana Bolena. Enrique VIII había contraído matrimonio en su juventud con Catalina de Aragón pero la reina sólo tuvo a una niña que sobreviviera el parto, lo que planteaba un problema sucesorio gravísimo en una Inglaterra que había sufrido un siglo de guerras civiles. Enrique VIII solicitó entonces la anulación del matrimonio por impedimento de consanguinidad, ya que Catalina había sido esposa de su hermano Arturo. Posiblemente, la hubiera obtenido de no ser porque la reina era tía del emperador Carlos V. El papa temía a la sazón la expansión de la Reforma protestante y no deseaba malquistarse con el emperador, de manera que rechazó las pretensiones del rey inglés. A pesar de todo, Enrique VIII no estaba dispuesto a que la falta de descendencia desencadenara un periodo de guerras civiles como el padecido por Inglaterra a finales de la Edad Media de manera que se divorció de Catalina y contrajo matrimonio con Ana Bolena. De la unión nació no un varón, sino Isabel.

Cuando Ana fue ejecutada por alta traición, Isabel se vio condenada a llevar una vida sórdida y aislada. De esa situación la salvó Catalina Parr, la futura sexta esposa de Enrique VIII, que se compadeció de ella y la trajo a la corte. A esas alturas, Isabel ya había visto cómo su padre rompía relaciones con Roma a la vez que perseguía a los protestantes, y sabía de sobra que tenía que ser prudente si deseaba sobrevivir. Al morir el rey, Isabel se mantuvo al margen de las intrigas que llevaron al trono, primero, a su joven hermano Eduardo VI —en cuyo reinado comenzó verdaderamente la Reforma en Inglaterra— y después a María, la hija de Catalina de Aragón. María, que se casó con Felipe II de España, devolvió a Inglaterra a la obediencia a Roma, ejecutó a centenares de protestantes durante su reinado —lo que le valió el expresivo mote de *Bloody Mary*— y encarceló a Isabel. Del hacha del verdugo se salvó la joven princesa insistiendo en su lealtad y en su catolicismo.

En 1558, María Tudor murió sin hijos y la corona pasó a Isabel, heredera única de Enrique VIII. El panorama, desde luego, distaba mucho de ser halagüeño. Por un lado, persistía el problema religioso; por otro, la economía estaba exhausta a causa de la guerra con Francia y, finalmente, Isabel no podía pensar en casarse por la sencilla razón de que padecía una aplaxia vaginal que imposibilitaba no sólo que tuviera descendencia, sino incluso relaciones sexuales. Esa circunstancia evitó que Felipe II la pidiera en matrimonio, si bien muy pocos aparte del español eran conocedores del problema físico de la inglesa. Así, Isabel pudo mantener negociaciones con Francia encaminadas supuestamente a contraer matrimonio con el duque de Alencon a sabiendas de que no llegarían a buen puerto, pero que sirvieron para acabar con la situación de guerra entre ambas naciones.

Durante sus primeros años de reinado, Isabel adoptó medidas económicas de enorme inteligencia, estabilizando el sistema monetario a partir de 1560, creando la Bolsa de Londres en 1566 y la Cámara de Comercio. El despegue de una Inglaterra imbuida por los principios protestantes del trabajo y el ahorro comenzó a ser realidad en aquella época. Sin embargo, la cuestión religiosa iba a empañar considerablemente la situación en las siguientes décadas. El papa decidió finalmente excomulgar a Isabel, a la que consideraba poco entusiasta en su persecución de los protestantes. Ciertamente, si se la comparaba con María Tudor —que, siguiendo los consejos del obispo de Londres, quemó en la hoguera a setenta protestantes en unas semanas para así lograr que Dios la hiciera concebir un hijo—, Isabel era muy tibia, pero la reina no estaba, desde luego, dispuesta a provocar una guerra civil por complacer a la Santa Sede. Considerada con la perspectiva del tiempo, poco puede dudarse de que la decisión papal fue una grave torpeza que situó para siempre a Inglaterra en el campo del protestantismo. Sin embargo, Isabel no deseaba que ese protestantismo fuera muy distante del catolicismo y los 39 artículos, aprobados en 1563, convirtieron a la iglesia anglicana en la más cercana a la católica.

Durante el reinado de Isabel, se produjeron varias conspiraciones católicas —inspiradas por la Santa Sede y dirigidas en alguna ocasión por jesuitas— que intentaron derrocarla. No obstante, en ningún caso se tradujeron en una persecución religiosa contra los católicos. Incluso cuando en 1586, Walsingham, secretario de Estado, descubrió una conjura católica que pretendía matar a Isabel y entronizar en su lugar a María Estuardo, las víctimas —incluida María, que fue decapitada— resultaron escasas. Ciertamente, Isabel no quería perder la corona, pero tampoco deseaba emular los excesos represivos que llevaban a cabo los católicos del continente. Así, el culto católico se mantuvo y, curiosamente, las mayores sanciones regias recayeron —como en la época de Enrique VIII— sobre los protestantes partidarios de una Reforma más radical que la anglicana. Prosperidad económica, tolerancia religiosa y despertar cultural —el de Marlowe, Spenser y Shakespeare— iban caracterizando un reinado ciertamente brillante.

En 1587, Isabel inició conversaciones en la sombra para concluir la situación de guerra que vivía con España desde hacía dos años. Alejandro Farnesio, gobernador de Flandes, era partidario de aceptar el ofrecimiento inglés, pero Felipe II se dejó embaucar por el papa para servir una vez más de espada de la Contrarreforma, y en 1588, envió una expedición de desembarco contra Inglaterra. Que las posibilidades de éxito eran nulas era algo que había anunciado expresamente Alejandro Farnesio. Sin embargo, no deja de ser bastante significativo que los ingleses no lograran hundir un solo barco español y que su desastre se produjera no en el combate, sino cuando la Armada intentó regresar a España bordeando las islas Británicas. Aún intentaría en varias ocasiones más Felipe II enviar flotas de desembarco contra Inglaterra, pero en todos los casos los elementos impidieron que la empresa pudiera llegar a buen puerto. Una vez más, Isabel había logrado sobrevivir, pero sus últimos años no fueron dichosos. El envejecimiento la atormentaba —llegó a quedarse calva por las sustancias que se administraba en el cabello— y a él se sumaron la pérdida de los amigos, una sublevación en Irlanda y una conjura encabezada por el segundo conde de Essex. A todo sobrevivió, aunque su popularidad fue disminuyendo en paralelo. El 23 de marzo de 1603 falleció en Londres. Ironías de la Historia, su sucesor sería Jacobo, el hijo de María Estuardo.

¿Reina virgen o reina casquivana?

El hecho de que Isabel no contrajera matrimonio facilitó que se le apodara con el sobrenombre de *la Reina Virgen*. A fin de cuentas, ésa era la condición que debía tener una mujer si no se casaba. A esa visión idealizada opusieron sus adversarios —especialmente católicos— la de una reina lujuriosa que no tenía esposo para poder dar rienda suelta a sus pasiones con más facilidad. La verdad histórica, como suele suceder en tantas ocasiones, no se corresponde ni con la leyenda negra ni con la rosada. Isabel padecía una aplaxia vaginal que le impedía tener relaciones sexuales completas. En ese sentido puede que, efectivamente, fuera virgen toda su vida. Al mismo tiempo, se sabe con certeza que mantuvo relaciones amorosas —quizá limitadas al coqueteo o a comportamientos sexuales que excluyeran el coito— con Leicester y con Robert Devereux, conde de Essex. Ambas terminaron trágicamente. Leicester acabó casándose en secreto y cayó en desgracia. Essex se sublevó contra la reina y fue ejecutado en 1601. Ni virgen ni casquivana, la reina tuvo todo menos una vida sentimental feliz.

CAPÍTULO VIGÉSIMO PRIMERO
Richelieu

Para la inmensa mayoría, el cardenal Richelieu estará siempre vinculado a la imagen siniestra y malvada con que aparece descrito en Los tres mosqueteros, *de Alejandro Dumas. Sin dejar de corresponderse con la realidad, Richelieu fue también un gran hombre de Estado que intentó modernizar la Francia del Antiguo Régimen, que no permitió que los intereses de su Iglesia se antepusieran a los de su nación y que, de esa manera, contribuyó decisivamente a acabar con la hegemonía española.*

Armand-Jean du Plessis vino al mundo en París, el 9 de septiembre de 1585. Su familia procedía de la nobleza de Poitou y su padre llegó a ser gran preboste de Francia. Cuarto de cinco hermanos, debería haberse dedicado a la carrera de las armas, pero su débil salud le impidió continuar en ella. Posiblemente, su destino habría sido oscuro de no mediar una curiosa circunstancia. La sede episcopal de Luçon, ocupada por un tío abuelo del futuro cardenal, había quedado vacante y debería haber sido ocupada por su hermano Alphonse. Sin embargo, éste se negó a ocuparla e ingresó en una cartuja. Armand-Jean vio así abierta su carrera en el clero, aunque, dada su corta edad, el papa tuvo que otorgarle una dispensa para ser obispo. Vigoroso defensor de los derechos de las sedes episcopales frente al poder real y partidario de las reformas del Concilio de Trento, la reina madre, María de Médicis, no tardó en fijarse en él.

En 1615 fue nombrado por María limosnero de Ana de Austria, la esposa del rey Luis XIII. Al año siguiente se había convertido en secretario de Estado para el Exterior y la Guerra. La carrera fulgurante de Richelieu experimentó un freno de relevancia al producirse la caída de Concino Concini, favorito de María. El episodio fue provocado por Luis XIII, que deseaba gobernar sin la tutela de su madre, a la que no tardó, por añadidura, en apartar de la corte.

En 1618, la caída en el favor real llevó a Richelieu al exilio, una circunstancia que aprovechó para escribir *La instrucción del cristiano*. Allí hubiera permanecido indefinidamente de no ser porque en 1619 María de Médicis huyó de su confinamiento, y el rey decidió recurrir al clérigo para llegar a un acuerdo con su madre. Las gestiones se vieron coronadas por el éxito y en 1621 Luis XIII propuso a Richelieu al papa para ser creado cardenal. Tres años después, se convertía en primer ministro.

Desde el principio, Richelieu tuvo como meta neutralizar a los Austrias españoles y alemanes, extender el imperio de ultramar y centralizar el poder en Francia. Auténtico paradigma de la realpolitik, Richelieu no dudó en apoyar a los protestantes suizos de los grisones contra España para controlar la Valtelina o a los también protestantes holandeses y alemanes en la guerra de los Treinta años. En el interior, sus deseos centralizadores le llevaron a atacar a los hugonotes o calvinistas franceses y a intentar limitar los poderes de la nobleza. Finalmente, Richelieu logró también que Québec siguiera bajo control francés, provocando una influencia que persiste hasta la actualidad.

En 1630, María de Médicis, cada vez más celosa de la influencia del cardenal, tramó una conjura para provocar su dimisión. Se trató del momento más peligroso en la carrera de Richelieu que, finalmente, fue apoyado por un monarca que lo aborrecía, pero al que no se le escapaba su sagacidad política. El resultado fue un fortalecimiento de la posición de Richelieu y el exilio definitivo de la reina madre. Se produjo en un momento crucial porque durante esa época, los protestantes alemanes estaban dispuestos a llegar a un acuerdo con los Austrias que garantizaba a éstos la hegemonía política a cambio del reconocimiento del derecho a la libertad religiosa.

En 1635, Richelieu logró que Francia entrara abiertamente en la guerra a favor de las potencias protestantes sin que, por cierto, le importaran mucho las críticas que desde el bando católico se arrojaban sobre él. Durante los años siguientes, las revueltas populares encendidas en Francia por las subidas de impuestos destinados a la guerra colocaron a Richelieu al borde de la derrota. De ella se salvó, de manera paradójica, porque en 1640, la oligarquía de Cataluña inició en España un movimiento secesionista que concluyó con el nombramiento de Luis XIII como conde de Barcelona y la invasión de la región española por las tropas francesas. Comenzó así un drama para los catalanes que no vio su final hasta que se firmó la Paz de los Pirineos en 1659. En ella, Cataluña pagó su inesponsable insensatez con el cercenamiento de su territorio en favor de Francia.

El cardenal Richelieu, que se convirtió en no de los hombres más ricos de la Historia de Francia, llegó a ser muy impopular en los últimos años de su vida. No pudo contemplar la victoria final de Francia sobre los odiados Austrias. El 4 de diciembre de 1642 fallecía. Por una de esas ironías de la Historia, su sucesor sería también un cardenal llamado Mazarino.

La eminencia gris

No son pocos los que interpretan la expresión «eminencia gris» como una referencia a las células cerebrales donde se halla la inteligencia. Craso error. El origen del término se encuentra en el gran asesor político del cardenal Richelieu. Se trataba de un monje capuchino —cuyo hábito es gris— que se llamaba François Leclerc du Tremblay, aunque era más conocido como el padre José. Habían trabado amistad cuando Richelieu pasó a ser obispo de Luçon y durante toda su vida continuaría desempeñando funciones de consejero del cardenal hasta el punto de que no resulta fácil saber dónde comenzaba la política de uno y terminaba la del otro.

OCTAVA PARTE

La gesta americana

En paralelo con el Renacimiento, la Reforma y la Contrarre-forma se iba a producir al otro lado del Atlántico una serie de acontecimientos en los que España tendría un papel especial. Nos referimos, por supuesto, al descubrimiento y conquista de América. Un nuevo continente entraba en la Historia para permanecer en ella hasta el día de hoy. Como personajes especialmente significativos de ese extraordinario período hemos escogido a Hernán Cortés y a Francisco Pizarro, conquistadores respectivamente de los dos grandes imperios amerindios, el azteca y el inca.

Hernán Cortés

Avanzado el siglo XX, el pintor mexicano Rivera se permitiría pintar a Cortés como un estúpido sanguinario, simple marioneta de frailes codiciosos y verdugo de indios envidiables. Dentro del sistema de agitprop comunista, esta imagen de Cortés era ideal y casi resultaba obligada. Sin embargo, no tenía punto de contacto con la realidad histórica porque pocos personajes han sido más cultos, inteligentes y avispados que Hernán Cortés.

Fernando Cortés Monroy Pizarro Altamirano vio la primera luz en la ciudad de Medellín, provincia de Badajoz en 1485. Como tantos conquistadores era, pues, de origen extremeño. De estirpe hidalga —emparentada con el futuro conquistador del imperio inca—, Cortés cursó estudios en la Universidad de Salamanca y a buen seguro hubiera acabado formando parte del elenco de letrados del rey de no ser porque las noticias que llegaban de América lo sedujeron y lo impulsaron a cambiar de destino.

En 1511 se encontraba con Diego Velázquez en Cuba. La relación entre ambos no fue fácil y Velázquez, consciente de la inteligencia de Cortés, decidió optar por la diplomacia para ahorrarse problemas con él. Así, no sólo lo casó con su cuñada, sino que lo envió a Yucatán como jefe de una expedición que debía seguir los descubrimientos en esta zona de América. Cortés —nada parecido al idiota pintado por Rivera— no tuvo dificultad en lograr que más de seiscientos hombres se sumaran a su empresa y el 18 de noviembre de 1518 partió hacia el continente. A inicios del año siguiente se hallaba en la península del Yucatán, dividida a la sazón en distintos estados independientes tras la caída de Mayapán en 1480. La llegada de Cortés se tradujo en la supresión de los sacrificios humanos propios de los indígenas que, por añadidura, no tuvieron problema en rendir culto a la Virgen, ya que la identificaron con su propia diosa-madre. Fue precisamente en estas tierras donde Cortés tuvo noticia de un país situado a poniente que los indígenas denominaban «México».

Bordeando la costa mexicana en dirección noroeste, la flota española se encontró con naves aztecas cuyos tripulantes quedaron horrorizados ante la visión de los caballos. Moctezuma, el emperador de los aztecas, que moraba en Tenochtitlán, se negó a permitir que Cortés lo visitara a pesar de las repetidas solicitudes de éste. Fue entonces cuando indígenas procedentes de Zempoala le comunicaron que eran enemigos de los aztecas y le pidieron ayuda para liberarse de su opresión. Aquella información tuvo una importancia inmensa porque permitió a Cortés trazar un plan para conquistar el imperio azteca mediante el sencillo expediente de aprovechar sus luchas intestinas. En contra de lo que suele enseñar la dictadura de lo políticamente correcto, los imperior prehispánicos eran tan opresores y sanguinarios que para muchas tribus sometidas a ellos los españoles constituyeron una liberación. Pasando por alto la autoridad de Diego de Velázquez, que lo había enviado a tierra firme, Cortés se autodesignó gobernador y se adentró en territorio mexicano no sin antes inutilizar las naves para evitar deserciones e incluso la tentación de emprender la retirada.

El 2 de septiembre de 1519, los españoles derrotaron a los tlaxcaltecas en Tlaxcala, y los sumaron a sus aliados como tropas auxiliares. Al paso por Cholula, los indígenas concibieron un plan para asesinar a Cortés, pero el aviso de una joven llamada Malinche le salvó de esa eventualidad. En adelante, Malinche —llamada por los españoles doña Marina— no sólo se convirtió en amante de Cortés, sino en elemento clave en las relaciones con los indígenas. El 8 de noviembre de 1519, finalmente, Cortés se encontró con Moctezuma; doña Marina hacía las veces de intérprete. El emperador conocía los vaticinios que hablaban del final de su imperio a manos de hombres de piel blanca, y además quedó seducido por la labia de Cortés. En buena medida puede afirmarse que desechó cualquier posibilidad de resistir a los españoles. Sin embargo, la situación distaba de ser halagüeña. Velázquez había enviado tropas para reducir a Cortés y los sacerdotes aztecas estaban fraguando un plan para asesinar en masa a los españoles. Con una capacidad de reacción extraordinaria, Cortés salió al encuentro de los españoles enviados en su contra, los derrotó y los sumó a sus efectivos. En su ausencia Alvarado se rio obligado a reprimir con dureza una revuelta azteca en Tenochtitlán. El resultado fue que cuando el 24 de junio de 1520 el ejército de Cortés entró nuevamente en la ciudad, se palpaba la tragedia. Cortés pidió a Moctezuma que serenase los ánimos, pero cuando el emperador se dirigió al pueblo una pedrada lanzada por un azteca le arrancó la vida. Cercados, carentes de provisiones y superados numéricamente, la única salida que tenían los españoles era la retirada. La acometieron la lluviosa noche del 30 de junio al 1 de julio de 1520, conocida como la «Noche Triste». Las bajas fueron considerables y no pocos de los castellanos lograron salvarse utilizando pértigas para salvar los canales como lo habían hecho en los pueblos de los que procedían.

Perseguidos por los aztecas, finalmente, los hombres de Cortés se vieron obligados a enfrentarse con ellos el 7 de julio, cerca de Otumba. La batalla se libró a la desesperada, pero, a pesar de su extraordinaria inferioridad numérica, los españoles lograron asestar una derrota definitiva a los aztecas. Su imperio desaparecía disuelto en el seno del hispano.

Para no pocos la carrera de Cortés concluye con este combate en que se vio sellado el destino del imperio azteca. No fue así. Cortés fue también responsable de la exploración de Honduras, del descubrimiento de California —que recibió de él su nombre— y de los primeros intentos de hallar un camino de salida al océano Pacífico. Finalmente, Hernán Cortés murió el viernes 2 de diciembre del año 1547 en Castilleja de la Cuesta, cuando soñaba con regresar a América. Sus restos iniciarían así un peregrinaje que no concluiría hasta 1947.

Cortés y Billy *el Niño*

Es sabido de pocos a este lado del Atlántico que el famoso pistolero Billy *el Niño* conocía el español porque se había criado en zonas hispanoparlantes del sur de Estados Unidos. A lo largo de su vida sólo leyó tres libros y los tres estaban impresos en español. De ellos derivó una admiración exacerbada por Hernán Cortés, que se convirtió en su héroe y al que consideraba el hombre más grande que hubiera existido nunca.

Pizarro

Pocos personajes han despertado opiniones más contrapuestas que las surgidas al enjuiciar a Pizarro. Si hace unas generaciones se le consideraba un héroe extraordinario, hoy la dictadura de lo políticamente correcto se empeña en confinarlo en el ámbito de lo siniestramente negativo. En cualquier caso, ha de reconocerse que sus aventuras superan lo que hubiera podido crear la mente del novelista más imaginativo.

Francisco Pizarro nació en la población de Trujillo, provincia de Cáceres, en algún momento cercano al año 1476. Hijo natural de Gonzalo Pizarro y Francisca González, su infancia fue muy dura, y se vio obligado a la tarea de guardar cerdos. Precisamente, esas privaciones sirvieron como poderoso acicate para intentar cambiar su suerte a través de uno de los grandes niveladores sociales de la época, el ejército. Antes de cumplir veinte años, se encontraba alistado en los tercios españoles que combatían en Italia. Allí adquirió destreza en el arte de las armas y demostró sobradamente su valor, pero también descubrió que poco podía medrar en una Europa que ya entonces parecía vieja a muchos de sus habitantes.

En 1502 se encontraba de regreso en España y embarcó junto a fray Nicolás de Ovando, rumbo a la Hispaniola. No tardó en percatarse el joven Francisco de que el futuro se hallaba en las tierras aún por descubrir y en 1509 se sumó a la expedición mandada por Alonso de Ojeda para pasar a tierra firme. En los años siguientes, Pizarro participó en la fundación de las villas de San Sebastián y de Santa María la Antigua del Darién. Se trataba de la primera de sus expediciones en el continente.

Si en 1513 se unió a Vasco Núñez de Balboa en la expedición que descubrió el océano Pacífico —bautizado como mar del Sur—, en 1519 era uno de los fundadores de la ciudad de Panamá. Pizarro llegó a desempeñar algunos oficios públicos como regidor y alcalde, pero era consciente de que la fortuna parecía eludirlo. Fue así como en 1524 dio inicio a la gran empresa por la que llegaría a ser mundialmente conocido.

Al oír que Pascual de Andagoya había llegado hasta un río donde se hablaba de un reino fabuloso llamado Birú, Pizarro se asoció con Diego de Almagro y con el clérigo Hernando de Luque para proceder a su descubrimiento. El primer viaje hacia el sur permitió a Pizarro llegar al río encontrado por Andagoya, pero la escasez y las incursiones de los indígenas le obligaron a retirarse hasta Chochama, en el golfo de San Miguel, en la actual Panamá. Allí se reunió con él Diego de Almagro y acordaron que éste se trasladaría de nuevo a Panamá para conseguir más hombres y realizar a continuación un nuevo viaje. La expedición se reanudó, pero un nuevo gobernador, Pedro de los Ríos, decidió ponerle fin. Pizarro decidió entonces plantear a sus compañeros la posibilidad de desobedecer y continuar la aventura. Fue así como los denominados «Trece de la Fama» optaron por proseguir.

Mientras se iba desplazando hacia el sur, Pizarro fue recibiendo noticias del imperio inca. Hoy en día existe una tendencia innegable a idealizar el sistema incaico. La realidad es que se trataba de una feroz dictadura teocráticocolectivista —el economista español Prados Arrarte la calificó como un sistema socialista termítico— que sometía a una terrible servidumbre a sus súbditos. Por aquel entonces, el imperio se hallaba sumido en una situación de guerra civil, ya que el emperador Huayna Cápac había muerto y sus hijos Huáscar y Atahualpa se enfrentaban por la sucesión. Las perspectivas eran prometedoras, y en 1528 Pizarro regresó a España con la intención de recibir el respaldo de Carlos I. A cambio de la conquista de Perú, Pizarro exigía el gobierno de las tierras, el título de adelantado para Almagro y el obispado para Luque.

El 26 de julio de 1529, la emperatriz Isabel, esposa de carlos V, firmó las capitulaciones para la conquista del Perú, cuyo nombre oficial iba a ser Nueva Castilla. En diciembre de ese mismo año, Pizarro se hallaba en su Trujillo natal e incorporó a sus hermanastros a la empresa. El año 1530 pasó en el regreso a América y los preparativos de la expedición y no sería hasta diciembre de 1532 que la expedición entró en Cajamarca, donde estaba Atahualpa, que había apresado a su hermano Huáscar. Pizarro intentó atraerse al inca, pero, de manera comprensible, el señor de un imperio donde se ejercía el dominio más absoluto sobre los súbditos contempló con desprecio a los recién llegados. El resultado fue un choque armado en el que Pizarro y sus hombres se impusieron a un ejército muy superior numéricamente, el mismo que había conquistado y mantenía sometido a buena parte del subcontinente.

El Atahualpa cautivo temió por su futuro como emperador y ofreció a los españoles un rescate en oro para recuperar su libertad. Desde luego, no carecía de libertad de acción. Mientras esperaba que sus ejércitos acudieran en su ayuda y aplastaran a los hombres de Pizarro, ordenó que se asesinara a su hermano Huáscar para evitar rivales en el trono. La reacción de Pizarro fue fulminante. Juzgó a Atahualpa por las muertes de sus hermanos Huáscar y Atoc y por el delito de traición y el inca fue ejecutado a finales de julio de 1533. Su hermano Túpac Huallpa, que había prestado fidelidad a Carlos V, fue nombrado nuevo inca.

En agosto de 1533, salieron los españoles hacia Cuzco, donde entraron el 15 de noviembre, pero antes de llegar, Túpac Huallpa fue envenenado por el cacique quiteño Calcuchimac, y Manco Inca Yupanqui lo sucedió. El sometimiento del Perú se haría realidad en los años siguientes, en los que Pizarro se convirtió en marqués y Almagro recibió la gobernación de Nueva Toledo en el Chile actual. Sin embargo, las relaciones entre ambos se amargaron al insistir Almagro en retener la gobernación del Cuzco peruano. El 8 de julio de 1538, Diego de Almagro murió tras ser apresado por Hernando Pizarro en la batalla de las Salinas. Pero las rencillas y luchas no quedaron zanjadas.

El 26 de junio de 1541, en otro episodio del enfrentamiento entre los españoles, Francisco Pizarro fue asesinado en Lima por los partidarios de Diego de Almagro. Se cuenta que, herido mortalmente, trazó una cruz con su propia sangre y la besó antes de morir. Durante siglos, sería considerado el paradigma del conquistador.

Pizarro y los anglosajones

La figura de Pizarro ejerció desde el principio un influjo extraordinario sobre otros pueblos, especialmente los anglosajones. En pleno siglo XIX, en el curso de un acalorado debate parlamentario sobre el gobierno de Warren en la India, se consideró argumento suficiente para pedir su destitución al afirmar que se había comportado peor que Pizarro en el Perú. Sin embargo, para no pocos constituía un verdadero paradigma de audacia conquistadora. Prescott le dedicó un estudio rezumante de admiración y no deja de ser significativo que cuando un adulador se acercó al coronel Custer para expresarle la grandeza de sus victorias sobre los indios de las praderas, el militar señalara que el que había tenido mérito había sido Pizarro porque, con menos de veinte hombres, había conquistado el imperio inca.

NOVENA PARTE

El Siglo de Oro español

La Contrarreforma, América... el tercer trípode de la experiencia española —y occidental— durante los siglos XVI y XVII fue una verdadera explosión de creatividad literaria y artística que recibe el nombre convencional del «Siglo de Oro». Los personajes que podríamos aducir al respecto se contarían por docenas. Hemos decidido reducirlos a sólo dos representantes: Cervantes, una de las cimas más prominentes de la literatura universal y Velázquez, que goza de una importancia no menor en la historia de la pintura. Ellos —aunque no sólo ellos— fueron el Siglo de Oro español.

Cervantes

Conocido de manera más que justificada por ser el autor del Quijote, *Cervantes fue un verdadero paradigma de muchos españoles del Siglo de Oro. Aventurero, enamorado, patriota, cristiano, su vida compendia los ideales más decantados de España en su hora más gloriosa.*

Aunque la disputa por haber sido la ciudad natal de Miguel de Cervantes Saavedra duró tiempo, hoy se puede afirmar con seguridad que vio la primera luz en Alcalá de Henares (Madrid), probablemente el 29 de septiembre de 1547. Su infancia y adolescencia en el seno de una familia que ahora denominaríamos de clase media transcurrieron en ciudades como Madrid y Sevilla, hasta que, muy joven, decidió marchar a hacer fortuna a Italia. Se ha alegado que huía de la justicia por haberse batido en duelo, pero la hipótesis no está documentada y además resulta muy improbable en la medida en que su marcha vino precedida por los dilatados trámites habituales de limpieza de sangre, circunstancia esta última que descarta otro de los mitos repetidos sobre Cervantes, el de que fuera de ascendencia judía.

Tras un tiempo al servicio del cardenal Acquaviva, Cervantes se alistó en los tercios, tuvo una amante italiana que le dio su único hijo varón, Promontorio, y en 1571 combatió en Lepanto para frenar la expansión islámica en el Mediterráneo. Siempre recordaría Cervantes esta batalla —«la mayor ocasión que vieron los siglos», la denominó—, en la que participó a pesar de estar enfermo con fiebre y en la que perdió el uso de la mano izquierda. Esta minusvalía no le impidió seguir combatiendo en los tercios —algo bastante usual en la época—, pero en 1575, provisto de cartas de recomendación de don Juan de Austria, decidió regresar a España. No lo consiguió. Los corsarios musulmanes, que asolaban las costas españolas, lo capturaron junto a su hermano Rodrigo y lo condujeron cautivo a Argel. Al ver las cartas que llevaba, los piratas consideraron a Cervantes mucho más importante de lo que era y dispusieron un precio muy elevado por su rescate. Así, pasó en este nido de piratas islámicos cinco años. Intentó evadirse varias veces, pero no lo consiguió. A punto estaba de ser embarcado como galeote con destino a Constantinopla —de donde ya nunca hubiera regresado— cuando los frailes trinitarios, una orden dedicada a la redención de cautivos, lo rescataron. La suma de Lepanto y el cautiverio explican sobradamente la visión negativa que Cervantes tenía del islam y que, por ejemplo, apoyara la expulsión de los moriscos por razones de seguridad nacional, ya que eran una verdadera quinta columna islámica en España.

El panorama que Cervantes encontró al regresar a su patria fue muy difícil. De entrada, su familia estaba endeudada por los costes de liberar a Rodrigo y a Miguel y ahora había que hacer frente a esa carga. Además, antes del cautiverio, Miguel había deseado destacar en el teatro, pero los gustos del público habían cambiado y ahora adoraban las obras de Lope de Vega, muy distanciadas del estilo que Cervantes pensaba seguir. Intentó entonces partir a las Indias alegando los servicios rendidos a la Corona, pero ya había pasado tiempo desde Lepanto, casi nadie recordaba la victoria, y no lo consiguió. Contrajo entonces matrimonio con Catalina de Salazar y Palacios, una mujer mucho más joven que él con la que viviría un matrimonio irregular.

Durante los años siguientes, Cervantes intentaría ganarse la vida como comisario de abastos para la Armada que Felipe II iba a enviar contra Inglaterra, un cargo que le ocasionó ser excomulgado, cuando se vio obligado a requisar bienes eclesiásticos, e incluso dar con sus huesos en la cárcel, cuando las cuentas no parecieron claras a sus superiores. Fue una época dura, pero de la que emergió mucho mejor de lo que habitualmente se dice. De hecho, los anticipos que recibió por algunas obras teatrales fueron muy elevados y la publicación en 1605 de la primera parte del *Quijote* vino seguida por un enorme éxito. Afincado en la capital de España, Cervantes tuvo una situación acomodada —no le faltaban ahora incluso mecenas— que, por ejemplo, queda de manifiesto cuando se examina el inventario de su biblioteca, nada común en la época.

Sin embargo, aquellos años finales no resultaron tampoco fáciles. Los problemas con su hija —implicada en un turbio asunto de homicidio y, quizá, prostitución—, la muerte de su hermana y la añoranza por un hijo, Promontorio, que engendró en Italia pero al que nunca llegó a conocer le sumieron en una profundización espiritual de corte cristiano que se percibe especialmente en algunas de las *Novelas ejemplares* (1613) y, sobre todo, en la segunda parte del *Quijote* (1615). Un hombre que había escapado tantas veces de la muerte y que había contemplado quiebro tras quiebro en su vida —¿hubiera escrito el *Quijote* de marchar a las Indias?— contemplaba en todo, y es lógico que así fuera, la mano de Dios.

La muerte lo sorprendió el 23 de abril de 1616, en Madrid —quizá el mismo día que a Shakespeare—, cuando acababa de terminar *Los trabajos de Persiles y Segismunda,* la obra que consideraba, erróneamente, la mejor de toda su trayectoria literaria.

EL *Quijote* y sus personajes reales

Aunque el *Quijote* es una obra de ficción, no resulta menos cierto que sus personajes proceden en no pocos casos de la realidad. La historia de Cardenio, don Fernando y Dorotea, contada en la primera parte, es real, aunque su final no fue tan feliz como en el libro. También eran verídicos los duques de la segunda parte que pertenecían a la casa de Luna y vivían en el castillo de Pedrola en Aragón. La mora que libera al cautivo cristiano de la primera parte existió también, aunque terminó sus días no en España, sino en el serrallo del sultán de Turquía. Por si fuera poco hubo un Alonso Quijano en la familia de la esposa de Cervantes y los nombres del escudero del hidalgo, del barbero y del cura aparecen en registros de poblaciones manchegas que Cervantes conoció. De lo que no cabe duda es de que con esos mimbres reales, el escritor madrileño tejió una extraordinaria obra de ficción.

CAPÍTULO VIGÉSIMO QUINTO
Velázquez

Provisto de una paleta no excesivamente policromada, pero dotado de una especial genialidad para inyectar luz, copiar modelos reales y jugar con el espacio, Velázquez es una de las grandes figuras de la historia del arte no sólo español, sino universal, una figura que introduciría novedades que harían época.

Corría el 6 de junio de 1599 cuando, en el seno de una familia de la burguesía, vino al mundo en Sevilla Diego de Silva Velázquez. Primogénito de seis hermanos, Velázquez se inclinó desde la infancia por la pintura y desde 1611 entró a trabajar como aprendiz de Francisco Pacheco, un pintor que escribiría un tratado sobre *El arte de la pintura*. Con Pacheco, el joven Diego aprendió un estilo naturalista-tenebrista que dejaría su impronta en el futuro maestro, pero del que también acabaría liberándose. Entre 1617 y 1623, Velázquez hizo aportaciones notables en terrenos como el bodegón —*La comida* (c. 1617, Museo del Ermitage, San Petersburgo—, la pintura costumbrista —*El aguador de Sevilla* (c. 1619-1620, Aspley House, Londres)—, o la pintura religiosa —*La adoración de los Magos* (1619, Museo del Prado, Madrid)—. En estas pinturas apreciamos a un Velázquez que domina los efectos de luz y de sombra a la altura de un Caravaggio y que, al mismo tiempo, ha captado la enorme importancia de los modelos tomados del natural. La escena era sagrada, pero los personajes que aparecen en ella hubieran podido toparse con nosotros en las mismas calles de Sevilla.

El genio del pintor y —no podemos pasarlo por alto— el hecho de que se convirtiera en yerno de Pacheco le abrieron el camino a los círculos intelectuales de Sevilla. En 1621, un jovencísimo Velázquez decidió encaminarse a Madrid. Deseaba conocer las pinturas que eran propiedad de los reyes y cabe también la posibilidad de que buscara un puesto en la corte. No lo consiguió esta vez, pero tan sólo dos años después, Velázquez se encontraba de regreso en Madrid para pintar un retrato de Felipe IV. A nosotros nos parece que el monarca no quedó muy agraciado en la pintura, pero lo cierto es que a él sí le gustó la obra del sevillano. Tanto que le nombró su pintor de cámara. A partir de ese momento, Velázquez iría realizando una serie de extraordinarios retratos no sólo de Felipe IV, sino también de la familia real. Sin embargo, el deseo por dejar plasmado en el lienzo otro tipo de historias no iba a abandonarlo. En torno a 1628, abordó una escena mitológica, la de *El triunfo de Baco,* y volvió a hacerlo desde la perspectiva ya utilizada en Sevilla. Sus protagonistas son borrachos de la calle —de ahí el

nombre popular del cuadro— que encarnan magníficamente la mitología.

En 1628, el pintor Rubens llegó a Madrid en misión
diplomática. Sus conversaciones con Velázquez desperta-
ron en éste un enorme interés por visitar Italia y contemplar las colecciones pictóricas. En agosto de 1629, Velázquez zarpó de Barcelona rumbo a Génova y durante los
dos años siguientes recorrió Milán, Venecia, Florencia y
Roma. Se ha apuntado que algunas de las obras de la época como *La fragua de Vulcano* (1630, Museo del Prado)
muestran una influencia italiana. Sin embargo, la afirmación es discutible porque en esa obra nos encontramos
algo ya visto en *Los borrachos,* es decir, la mitología encarnada en personajes populares de las calles y plazas de España.

En 1631, Velázquez se había reintegrado totalmente
a sus tareas en la corte, pero, desde luego, no se limitó a
ser un pintor regio. En 1634, por ejemplo, Velázquez se
estaba ocupando del programa decorativo del Salón de
Reinos en el nuevo palacio del Buen Retiro. El programa
incluía doce escenas de batallas entre las que destacaba
Las lanzas también conocido como *La rendición de Breda*
(1634, Museo del Prado). Al igual que antes había hecho
El Greco, Velázquez se retrató como uno de los personajes
contenidos en la pintura. Pero quizá lo más notable de esa
época sea la combinación de pinturas oficiales —los retratos de caza de la familia real para la Torre de la Parada—,
religiosos —el *Crucificado* (c. 1632), o *La coronación de
la Virgen* (c. 1641)— y, sobre todo, los populares como
las magistrales pinturas de enanos y bufones de la corte.

La paleta de Velázquez es limitada, pero la altura a la que puede llegar resulta verdaderamente extraordinaria, y lo mismo debe decirse de su juego de luces y sombras. En 1649, Velázquez se encontraba de nuevo en Roma. Su misión era adquirir obras de arte para el rey, pero a su paso por Italia fue realizando pinturas como el retrato de *Juan de Pareja* (Museo de Arte Metropolitano, Nueva York), el del papa *Inocencio X* (Galería Doria-Pamphili, Roma) y, sobre todo, su magnífica *Venus del espejo* (National Gallery, Londres), en la que utiliza un juego de reflejo de la escena en un espejo dotado de una especial delicadeza.

Sus dos últimas décadas de vida vinieron marcadas por dos de las pinturas más peculiares del sevillano. En la primera, *Las hilanderas* o *La fábula de Aracné* (1644-1648, Museo del Prado), Velázquez volvía a utilizar un tema mitológico jugando una vez más con una visión revolucionaria del espacio. Se trataba de un experimento ya iniciado años antes, pero que se consumaría con *Las meninas* o *La familia de Felipe IV* (1656, Museo del Prado). Durante los siguientes años, el pintor continuaría trabajando para Felipe IV, con el que llegó a compartir una cierta amistad. Falleció en Madrid el 6 de agosto de 1660. Su vida no había sido prolongada, pero su legado, inmenso y perdurable, había alcanzado la inmortalidad.

La revolución de *Las meninas*

Durante la dictadura de Franco, Buero Vallejo estrenó una obra titulada *Las meninas* mediante la que pretendía no sólo criticar el reinado de Felipe IV, sino la España en la que vivía. En el drama insistía en el carácter revolucionario de una pintura en la que el mismo artífice aparecía reflejado al lado de los reyes. El dato, como otros del drama, era absurdo ya que no pocos pintores se han autorretratado en sus obras. *Las meninas* ciertamente significaron una verdadera revolución, pero no se trataba del aspecto del que abusó teatralmente Buero Vallejo, sino, sobre todo, del juego de planos y de óptica que contemplamos en el lienzo. Donde se encuentra el ojo del espectador se supone que se halla la pareja real a la que pinta Velázquez y que se refleja en un espejo. Delante, como centro de la pintura, está una de las infantas al lado de enanos y un perro. Detrás incluso podemos percibir un plano más, el del mayordomo de palacio, sorprendido mientras sube una escalera. El ojo, la luz y, sobre todo, el espacio no serían los mismos después de esta pintura.

DÉCIMA PARTE

El triunfo de los puritanos

Si la Contrarreforma salió derrotada y ese fracaso costó a España su imperio, la Reforma iba a obtener sus éxitos más universales a partir del siglo XVII. Sin duda, el aspecto más importante de esa victoria fue el triunfo de los puritanos. En Inglaterra iniciaron una revolución para defender derechos como los de religión o propiedad y mantener el sistema parlamentario; en las colonias de lo que luego sería Estados Unidos iniciaron una nueva forma de gobierno que daría nacimiento un siglo después a la primera democracia de la Historia contemporánea. Tanto en un caso como en el otro, el triunfo de los puritanos sería también el de las dos grandes naciones donde se habían asentado: la pequeña Inglaterra y los futuros Estados Unidos. Como paradigmas de este período trascendental hemos elegido a Cromwell y a los peregrinos del Mayflower. *El primero cuenta con una estatua erigida frente al parlamento británico; los segundos son conmemorados todos los años en Estados Unidos durante el Día de Acción de Gracias.*

Cromwell

Mero dictador regicida para unos, campeón de la libertad para otros, Cromwell es una de las figuras más controvertidas de la Historia inglesa. De las más controvertidas y, sin duda, de las más importantes. Tras él, ni Inglaterra ni la Historia universal serían las mismas.

A finales de la década de 1630, un caballero inglés llamado Oliver Cromwell se disponía a abandonar Inglaterra con rumbo a América del Norte. En torno a 1638 había experimentado una profunda conversión religiosa que le había llevado a entrar en las filas del puritanismo y ahora deseaba practicar su fe con libertad, algo que parecía difícil en una nación en que la Iglesia anglicana se deslizaba crecientemente hacia patrones católicos. Fue precisamente cuando se hallaba en esa tesitura cuando recibió la visita de algunos correligionarios que le instaron a permanecer en suelo inglés. El Parlamento —disuelto en 1629 por el rey Carlos I— iba a ser nuevamente convocado ya que el monarca necesitaba dinero para reprimir la rebelión escocesa. A juicio de los puritanos, Cromwell, que había sido miembro del mismo en 1628-1629, debía presentarse a las nuevas elecciones. Cromwell aceptó la propuesta y, efectivamente, fue elegido y desempeñó un papel activo en el impulso de normas que garantizaban la libertad de pensamiento y la no disolución de éste. Sin embargo, el monarca no deseaba que el parlamento se convirtiera en un organismo que pudiera limitar su poder regio y procedió a disolverlo.

Esta vez, los parlamentarios no estaban dispuestos a consentir aquella manifestación de despotismo regio y se alzaron en armas. No deja de ser significativo el programa de los rebeldes —en su mayoría puritanos—, porque contrasta enormemente con los de otras revoluciones y, al mismo tiempo, resulta muy similar al de los insurgentes de Norteamérica en el siglo XVIII. No buscaban implantar una sociedad utópica, sino que, por el contrario, pretendían que quedaran garantizados más allá de cualquier veleidad algunos derechos elementales como la libertad de conciencia y expresión, o la propiedad privada. Sus aspiraciones podían parecer modestas, pero iban a contribuir más al avance de la democracia que cualquier otro movimiento.

Inicialmente, Cromwell se limitó a formar una fuerza de caballería que obtuvo un notable éxito en Marston Moor (1644). Fue entonces cuando Cromwell se percató de la necesidad de formar un nuevo tipo de ejército (el *New Model Army*) en el que, según algunas de sus frases más brillantes, los soldados no tenían miedo de los hombres sino temor de Dios, y donde se elevaban oraciones al Señor a la vez que se mantenía seca la pólvora. Sustentado en una enorme coherencia y en un claro sentido de igualdad social, el ejército de Cromwell logró una victoria decisiva sobre Carlos I en Naseby (1645). La derrota del monarca llevó a los puritanos a intentar forzar el reconocimiento de algunos derechos como la regularidad de las convocatorias para elegir el Parlamento o la libertad de conciencia. Sin embargo, aunque derrotado en el campo de batalla, Carlos I no se daba por vencido. Hasta 1647, intentó dividir las fuerzas parlamentarias y entonces, de manera inesperada, huyó a Escocia con la intención de volver a encender la llama de la guerra civil ayudado por los escoceses y, a ser posible, por otras potencias extranjeras como Francia y la Santa Sede.

La respuesta de Cromwell fue fulminante. En 1648 derrotó a los escoceses en Preston, lo que los convenció de la conveniencia de abandonar a Carlos I a su suerte y entregarlo a los parlamentarios. Para Cromwell, Carlos I ya no era un monarca sino un traidor a la patria y como tal fue juzgado y ejecutado en enero de 1649. Era la primera vez que sucedía algo semejante y, desde luego, la medida no dejó de estar sujeta a una enorme controversia. Sin embargo, la decapitación de Carlos I y la proclamación de la república no pusieron fin a la guerra. Los realistas fraguaron una alianza con la Santa Sede y se dispusieron a invadir Inglaterra desde Irlanda. La respuesta de Cromwell fue desembarcar en Irlanda en 1649 y aplastar a los adversarios de la república con mano de hierro. Se trató de un conflicto durísimo que había sido precedido por las matanzas de colonos ingleses en 1641 y que después sería magnificado por los nacionalistas irlandeses. Sin embargo,

Cromwell se limitó a seguir los protocolos militares de la época e incluso castigó con la ejecución a los que desobedecieron sus órdenes de realizar requisas justas y previo pago.

En 1650, Cromwell abandonó Irlanda y se dirigió a Escocia, donde los realistas habían proclamado rey a Carlos II, hijo del monarca ejecutado. A diferencia de lo que sentía por los católicos irlandeses, Cromwell simpatizaba con los escoceses, que también eran puritanos, e intentó evitar la guerra, pero la resistencia escocesa determinó el estallido de un conflicto en el que Cromwell se impuso de manera brillante tras las victorias de Dunbar (1650) y Worcester (1651). La posibilidad de restaurar la monarquía se disipaba y, curiosamente, a diferencia de lo sucedido en Irlanda, los escoceses no se resintieron de la acción de un gobierno que sustentaba sus mismas ideas religiosas. Ahora restaba estabilizar la situación interior. Cromwell intentó que el Parlamento fijara una regularidad para sus reuniones y que garantizara determinados derechos elementales, pero sus miembros se negaron. Frustrado, Cromwell procedió a disolverlo en 1653.

Le quedaban pocos años de gobierno, pero en ellos Cromwell logró derrotar a los holandeses garantizando el dominio del mar para Inglaterra y venció a la flota española, alejando para siempre la amenaza de una invasión católica. Cuando falleció en 1658, Inglaterra era una potencia de primer orden. Al producirse la restauración monárquica, el cadáver de Cromwell fue sacado de su sepultura y profanado. Se trató de un episodio significativo, pero temporal. Hoy en día, frente al Parlamento británico, se alza una estatua en su honor recordando su defensa de las libertades.

Los puritanos y el origen de la democracia

Aunque los puritanos tienen muy mala prensa, entre sus muchos méritos está el de ser los artífices de la democracia moderna. Convencidos de que la especie humana tiende al mal, insistieron en la división de poderes de manera que la acumulación no llevara a la tiranía y unos pudieran controlar a otros. De manera semejante, insistieron en garantizar derechos que fueran no utópicos sino realistas y que apuntalaran la libertad individual, como el de propiedad privada, el de controlar las subidas de impuestos o el de libertad de conciencia. Su herencia quedaría cristalizada en la constitución norteamericana y en su sistema de «frenos y contrapesos».

Los peregrinos del *Mayflower*

En 1590 nació en Austerfield, una ciudad de Yorkshire, en Inglaterra, una criatura que recibió el nombre de William Bradford. Perdió a sus padres siendo aún un niño, pero tuvo la fortuna de que éstos le dejaran una cierta fortuna y de que además sus abuelos se ocuparan de su educación. Cuando contaba con unos doce años de edad William comenzó a entregarse a la lectura de la Biblia, lo que no tardó en llevarle a cuestionar la teología anglicana y especialmente aquellos aspectos que la acercaban más a la Iglesia católica. En 1593 se había aprobado en Inglaterra una legislación acentuadamente contraria a los no conformistas, de manera que no pocos pensaron que la única salida para evitar la prisión o la ocultación de sus creencias era la emigración.

Cuando contaba dieciocho años de edad, William se dirigió a Holanda junto a otros disidentes. La elección resultaba totalmente lógica ya que, pese a su carácter mayoritariamente calvinista (o quizá precisamente por eso), Holanda se había convertido en un emporio de la libertad religiosa que no era negada ni siquiera a anabautistas o a judíos. Bradford fue arrestado en dos ocasiones por intentar abandonar Inglaterra, pero en ambos casos logró ser puesto en libertad tras exponer los motivos de su viaje y se le autorizó a reunirse con sus amigos en Amsterdam.

Una vez en Holanda, William Bradford se colocó como aprendiz de un sedero hasta que llegó a la mayoría de edad. Al alcanzar ésta, liquidó la herencia que sus padres le habían dejado en Inglaterra y con el montante se estableció en Leyden. Sin embargo, no iba a permanecer mucho tiempo en los Países Bajos. Por aquellos días, algunos de los emigrados protestantes procedentes de Inglaterra estaban acariciando la idea de encontrar una nueva tierra en la que no sólo pudieran ser tolerados, sino donde además tuvieran la posibilidad de establecer un nuevo modelo social sobre bases completamente novedosas. Obviamente, tal posibilidad sólo resultaba planteable en el continente americano y así fue como buena parte de la iglesia inglesa que pastoreaba un hombre llamado Robinson decidió hacerse a la mar a bordo de un barco llamado *Mayflower*. El día de la partida fue dedicado a la oración y, antes de zarpar, el pastor predicó sobre el texto que se encuentra en el libro bíblico de Esdras 8, 21: «Y allí, junto al río Ahava, proclamé un ayuno, para que pudiéramos humillarnos delante de nuestro Dios y buscar de Él un camino recto para nosotros, y para nuestros hijos y para todos nuestros bienes.»

Según la mentalidad de aquellos emigrantes, su condición era la de peregrinos espirituales similares a los descritos en la «Carta a los hebreos». De ahí su calificación de *Pilgrims* con que pasarían a la Historia. La expedición se enfrentó con no pocas dificultades durante su travesía, de manera que en lugar de llegar a Virginia, que era el destino en que se había pensado, atracó en Cape Cod, Massachusetts, el 11 de noviembre de 1620.

Este cambio de lugar creó una situación que no había sido contemplada previamente por los peregrinos. Su intención al llegar a Virginia era gozar de mayor libertad que en Inglaterra, pero también la de someterse y disfrutar del gobierno inglés ya establecido en ese enclave. De hecho, algunos de los peregrinos habían suscrito dos años atrás un documento conocido como el Acuerdo de Leyden *(Leyden Agreement)*, en virtud del cual quedaban establecidas sus prioridades, que eran fundamentalmente las de practicar su religión y reconocer la soberanía del monarca inglés. Sin embargo, ahora, al llegar a un territorio no ocupado previamente por Inglaterra, los peregrinos tuvieron que afrontar la necesidad de establecer una mínima estructura de gobierno que les permitiera regirse en los tiempos inmediatamente venideros. Antes de proceder a desembarcar, sus objetivos quedaron reflejados en un escrito. Este documento no fue otro que el denominado «Pacto del *Mayflower*».

El texto del mencionado pacto es muy breve. Sin embargo, su trascendencia es enorme ya que contiene lo suficientemente delimitadas algunas de las líneas fundamentales de lo que será el desarrollo de la historia norteamericana posterior. En primer lugar, siguiendo la tradición de la época, los firmantes del pacto señalaron su lealtad al rey Jacobo, y a continuación de manera convencional indican que han realizado el viaje —cuyo destino inicial era Virginia— con la finalidad de establecer una colonia en la que se glorificara a Dios, se extendiera la fe cristiana y se honrara al rey y a la nación. Sin embargo, una cuestión muy diferente son las líneas que siguen a continuación de la declaración de los primeros principios. Lejos de hacer referencia a una dependencia institucional de la Corona o al traslado del modelo social europeo a tierras americanas, los peregrinos se comprometen a construir una nueva entidad política en virtud de un pacto social libre y concluido por todos. El pacto implica, en primer lugar, la puesta en funcionamiento de un sistema legislativo («leyes, ordenanzas, actas, constituciones») y ejecutivo («cargos») establecido por períodos («de tiempo en tiempo») y concebido sobre la base del «bien general». En otras palabras, el sistema estamental del Antiguo Régimen europeo no fue censurado directamente —de hecho, se reconoce la sumisión al monarca—, pero en la colonia se vio sustituido por un sistema político electivo, pactado por todos, destinado al bien general y dotado de facultades legislativas y de gobierno. Dentro de una monarquía estamental —que en un par de décadas entrará en guerra con el Parlamento por sus arbitrariedades— se acababa de constituir por un acto de voluntad popular un sistema que podría calificarse de predemocrático.

La existencia de los primeros peregrinos no resultó en absoluto fácil. Ya algunos habían perdido la vida durante la travesía y el primer invierno en tierra fue realmente terrible. De los 103 que desembarcaron en las costas del nuevo continente, 51 fallecieron durante aquellos meses:

Sin duda, las condiciones eran difíciles, pero buena parte de la responsabilidad por aquel desastre derivaba de los propios colonos, que ni se habían equipado para establecerse en los nuevos territorios ni tampoco tenían unos conocimientos rudimentarios que se lo permitieran. Con toda seguridad, de no haber recibido la ayuda generosa y desinteresada de los indígenas, no hubieran podido sobrevivir en aquella tierra. El resultado para los aborígenes fue, sin embargo, negativo. De entrada, se encontraron con enfermedades desconocidas como la viruela que los exterminó por grupos enteros. Luego vino la guerra.

En 1636 fue encontrado muerto en Block Island un tal John Oldham, al que se había expulsado de la colonia de Plymouth. Nunca estuvo muy claro quién lo había asesinado pero, de entrada, los colonos dieron muerte a más de una docena de indios que se hallaban cerca de la escena del crimen. Pese a todo, el jefe de los Narragansetts ofreció investigar quiénes podían haber sido los culpables y castigarlos. Con tal finalidad envió a doscientos guerreros a Block Island para dar con los supuestos asesinos de Oldham. El conflicto estalló de todas formas y cuando concluyó la denominada guerra de los Pequots, éstos habían sido aniquilados casi por completo. Se había iniciado un proceso que, como en el sur del continente, sólo concluiría con la victoria de los recién llegados. La diferencia esencial estaría en que los recién llegados no reprodujeron el modelo de la sociedad europea de la que procedían, sino que sentaron las bases de una nueva forma de gobierno que cristalizaría en la primera democracia de la Historia contemporánea.

UNDÉCIMA PARTE

La música del Paraíso

Mientras el mundo se debatía en temibles conflictos religiosos, políticos y sociales, cuesta trabajo creer que quedara lugar para la belleza. Sin embargo, así fue. No se trató sólo de las obras literarias o de las artes plásticas. También se relacionó con un desarrollo de la música desconocido hasta entonces. Algunos han especulado con la música que se escucha en el Paraíso de los Bienaventurados. La discusión ha girado especialmente en torno a las dos figuras de las que hablamos en esta sección. La primera, Juan Sebastián Bach, era un ferviente protestante; la segunda, Wolfgang Amadeus Mozart, era un católico que, posteriormente, se inició en la masonería. En ambos casos compusieron una música que, si no, al menos, de sobrenatural, debe ser calificada de prodigiosa.

Bach

Hace apenas unos meses, Benedicto XVI hacía una referencia a la cercanía de Dios que podía sentirse al escuchar la música de Bach. El comentario tenía un interés que iba más allá de lo meramente estético, ya que Bach durante siglos ha sido el paradigma de la música protestante y, sobre todo, porque dejaba de manifiesto que el actual papa no estaba dispuesto a que ningún tipo de prejuicio le impidiera afirmar una verdad objetiva.

Johann Sebastian Bach nació el 21 de marzo de 1685 en Eisenach, Turingia, y lo hizo en el seno de una familia realmente sin paralelos históricos. Baste decir al respecto que durante siete generaciones de ella surgieron no menos de cincuenta y dos músicos de notable relevancia. Todos ellos iban a destacar por una vinculación profunda con el protestantismo, un dominio notable de la técnica y, en mayor o menor medida, la búsqueda de nuevas formas musicales. Como era lógico esperar, Johann Sebastian recibió sus primeras lecciones de su padre Johann Ambrosius y cuando éste murió se trasladó a Ohrdruff, donde vivía su hermano Johann Christoph, a la sazón organista.

Con tan sólo quince años, Johann Sebastian ya se ganaba la vida como miembro del coro de la iglesia de San Miguel, en Lüneburg. Con dieciocho, era organista de iglesia en Arnstadt. Dos años después, Bach conoció al compositor danés Dietrich Buxtehude, con el que trabaría amistad y que dejaría impronta en sus composiciones. De manera significativa, Johann Sebastian comenzó por aquel entonces a abandonar el sobrio estilo protestante que se había dado, por ejemplo, en el Himnario reformado o en las composiciones de Lutero, y se entregó a un tipo de composición más luminosa y cromática. El resultado fue, sin embargo, tan extraordinario que todas las críticas quedaron apagadas. Aquella música, se mirara como se mirase, permitía acercarse a Dios.

En 1707 se casó con su primera esposa, Maria Barbara Bach, prima segunda suya. Pasarían los siete años siguientes en Weimar, como organista y violinista de la corte del duque Guillermo Ernesto. Fue una época de considerable fecundidad durante la que Bach comenzó a escribir algunas de sus cantatas y de sus obras para clavicémbalo y, sobre todo, para órgano. A esas alturas, y a pesar de su juventud, ya era considerado un especialista en órgano con suficiente competencia como para asesorar a los fabricantes de este instrumento. Sus libros el *Clave bien temperado* (I, 1712; II, 1742), las *Invenciones* (1722-1723) y el *Orgelbüchlein* (*Pequeño libro para órgano*, 1713-1717) dejarían de manifiesto no sólo a un gran artista, sino a un técnico excepcional.

En 1720 falleció su esposa —le había dado siete hijos—, y al año siguiente, contrajo matrimonio con Anna Magdalena Wilcken. Hija de un músico de la corte, Anna Magdalena fue la mujer perfecta para Bach. No sólo le dio otros trece hijos, sino que además mantuvo la casa en un orden perfecto —¡con veinte criaturas!— y, por si fuera poco, lo ayudó en la labor de copiar las partituras de sus obras para otros músicos.

En 1723, Bach se encontraba en Leipzig. Desarrollaría allí una labor verdaderamente extraordinaria fruto de la cual fueron 295 cantatas, el *Oratorio de Navidad,* la *Pasión según san Juan* y la *Pasión según san Mateo,* la *Misa en si menor* o las *Variaciones Goldberg.* A la sazón, la separación entre católicos y protestantes era una realidad, pero, de manera bien significativa, la música de Bach fue aceptada con entusiasmo a ambos lados de la línea de separación teológica. La pregunta, por supuesto, era de dónde sacaba Bach tiempo para poder cumplir —por cierto, muy bien— con sus obligaciones musicales, para atender a su familia y para escribir piezas no sólo numerosas sino geniales. La respuesta, seguramente, es que en Bach se combinaban tesón, trabajo y, por supuesto, un talento nada ordinario.

Durante el último año de su vida, Bach comenzó a quedarse ciego. Finalmente, el 28 de julio de 1750, murió tras una operación de la vista que fracasó. Tras su muerte —y a pesar de la admiración que sentían por él Mozart y Beethoven— la música de Bach perdió popularidad porque muchos la consideraban anticuada. Su resurgimiento vendría de la mano de otro compositor profundamente protestante, el judío converso Félix Mendelssohn, que impulsó una audición en 1829 de la *Pasión según san Mateo*. De entonces acá, su popularidad no ha sufrido ningún eclipse.

La saga de los Bach

Aunque Johann Sebastian fue el músico más importante de la familia Bach, éstos se extendieron desde Veit Bach (?-1577) hasta Regine Susanna Bach (1742-1809). De los veinte hijos del compositor, varios fueron compositores extraordinarios. Ése fue el caso de Wilhelm (1710-1784), autor de nueve sinfonías amén de conciertos para teclado, fantasías y sonatas. O el de Carl Philipp Emanuel que estudió Filosofía y Derecho y además compuso, entre otras piezas, 52 conciertos. O el de Johann Christian (1735-1782), el benjamín, que compuso una docena de óperas y, trasladado a Inglaterra, organizó una serie de conciertos en la que destacó un niño prodigio llamado Mozart.

CAPÍTULO VIGÉSIMO NOVENO
Mozart

La fecundidad suele ser una característica del genio. No sucede lo mismo con la precocidad. De hecho, no son pocos los que cuentan ya con varias décadas de existencia antes de mostrar el talento que llevan en su interior. No fue ése el caso de Johannes Chrysostomus Wolfgang Amadeus Mozart, un músico que decidió iniciarse en la masonería convencido de que en la logia podría acceder a los secretos de la música de las esferas celestiales.

Nacido el 27 de enero de 1756 en Salzburgo, una ciudad que, a la sazón, no formaba parte de Austria sino que existía como feudo episcopal independiente, a los seis años Wolfgang Amadeus Mozart ya había compuesto cinco pequeñas piezas para piano que se siguen interpretando en la actualidad. Con siete años, la criatura —que realizaba giras por las cortes de Europa acompañado por su padre Leopoldo— componía sonatas para clave y para violín. A los ocho, estrenaba su primera sinfonía en mi bemol mayor; a los diez, un oratorio, y a los doce, su primera ópera, titulada *La finta semplice*.

El talento de Mozart —que llegó a atribuirse incluso a un pacto con el diablo— resultaba tan innegable que con trece años fue nombrado *Konzertmeister* del arzobispado de Salzburgo —el equivalente a director de orquesta— y el papa le convirtió en caballero de la Orden de la Espuela Dorada. Ese mismo año compuso *Bastien und Bastienne,* su primer *singspiel,* un tipo de ópera alemana con partes recitadas y, al siguiente, su primera gran ópera, *Mitrídates, rey del Ponto* (1770).

Que un adolescente tuviera semejante currículum resultaba, sin duda, espectacular y, seguramente, habría bastado para que Mozart pasara si no a la gran historia de la música, sí a la de las rarezas geniales. Con todo, el jovencísimo compositor distaba mucho de sentirse satisfecho con su situación en Salzburgo, ya que le garantizaba prestigio pero no una remuneración estable y suficiente.

En 1777, Mozart logró obtener permiso para dar una gira de conciertos por Europa que le ayudara a sanear su economía. Los dos años siguientes fueron difíciles y plagados de contratiempos y desgracias. Para empezar, las cortes que visitó —Munich, Augsburgo, Mannheim, París...— no terminaron de entusiasmarse con alguien que ya había perdido el aliciente de ser un niño prodigio. Además, en 1778 falleció su madre y en 1779, Aloysia Weber, de la que se había enamorado, rechazó su propuesta matrimonial. Solo, triste, sin alternativas profesionales, regresó a Salzburgo donde, aparentemente, se sometió al obispo e incluso compuso algunas obras verdaderamente extraordinarias como la *Misa de la Coronación.* Pero duraría poco tiempo aquella calma. En 1781, volvió a reñir con el prelado y abandonó Salzburgo con destino a Viena. Este nuevo período de su vida iba a resultar central en su carrera. En 1782, por ejemplo, contrajo matrimonio con Constanza, hermana de Aloysia, y recibió del emperador José II el encargo de componer *El rapto del serrallo.*

En diciembre de 1784, con el deseo de conocer el secreto de la música de las esferas celestiales y quizá en un intento de lograr una ayuda en su carrera artística, Mozart fue iniciado en la masonería. Es difícil saber si semejante paso fue el causante, pero durante el espacio de dos años la suerte pareció sonreírle. Los críticos hablaban bien de él, la gente se entusiasmaba con su música y el compositor ganaba verdaderos caudales. La leyenda posterior afirmaría que vivía pobre y cargado de deudas. Se trataba de una verdad a medias. Mozart efectivamente pasaba estrecheces, pero sólo por la sencilla razón de que era un impenitente manirroto dispuesto a gastar sumas fabulosas en verdaderos caprichos. Al respecto, la abundante documentación que le ha sobrevivido nos muestra a un personaje realmente pingüe, pero con escasa sensatez a la hora de emplear el dinero.

A partir de 1786, la vida de Mozart vino configurada por una serie de claroscuros que no cristalizaron precisamente en la consecución de la felicidad. Compuso algunas de sus más grandes obras como la *Pequeña serenata nocturna,* la *Sinfonía Praga* o la ópera *Don Giovanni,* pero no recibió el respaldo popular que había esperado. Fue aclamado en Praga —quizá su ciudad preferida—, pero al mismo tiempo que perdía popularidad en Viena; ganó más dinero, pero siguió administrándolo pésimamente. Para colmo de males, su segundo hijo falleció como había sucedido también con el primogénito.

En 1789, Europa se vio sacudida por los acontecimientos que tenían lugar en Francia y que derivarían en una revolución. Para Mozart, cuya salud comenzaba a debilitarse, fue un año de sinsabores en el que recorrió ciudades como Praga, Dresde, Leipzig y Berlín mientras su esposa caía enferma. Por esta época se produjo una crisis en su relación con la masonería a causa de un episodio que ha hecho correr ríos de tinta. Mozart se permitió mostrar en público algunas de sus ceremonias secretas en la que quizá sea su mejor ópera, *La flauta mágica*. Resulta por ello difícil saber si esta obra constituye verdaderamente una pieza de propaganda masónica —como se ha pretendido tantas veces— o, por el contrario, es una denuncia, siguiera parcial, de la masonería y, en especial, de alguna de sus normas, como la de excluir de sus logias a las mujeres. Sea como fuere, Mozart apenas sobrevivió unos meses al estreno de la ópera en Viena.

Para cuando tuvo lugar su fallecimiento otras dos circunstancias misteriosas se habían cruzado en su vida. La primera fue el encargo de un réquiem por parte de un personaje que —de nuevo, según la leyenda— habría sido un heraldo de su muerte próxima; la segunda, el temor repetido del músico a que lo estuvieran envenenando. ¿Asesinaron a Mozart los masones vengándose porque había revelado los secretos de la logia? ¿Fue el financiador del *Réquiem* un mensajero de la muerte? ¿Fue envenenado Mozart? La realidad histórica resultó mucho más prosaica. Desde luego, no hay manera de saber si los masones se vengaron o no del compositor, pero lo que sí conocemos es el nombre de la persona que le encargó el *Réquiem*. Fue Antón Leitgeb, hijo del burgomaestre de Viena, que actuó por encargo del conde Walsegg-Stuppach, cuya esposa había fallecido en 1791. Quizá medió en la decisión el deseo de ayudar económicamente al músico, pero no el de destrozarlo psicológicamente como se muestra, por ejemplo, en la obra de teatro *Amadeus*. Por lo que se refiere a los síntomas de envenenamiento eran reales, pero obedecían no a un plan criminal, sino a un tratamiento con mercurio que estaba recibiendo Mozart para curarse de una enfermedad venérea contraída en una francachela. Murió una hora después de la medianoche, el 5 de diciembre de 1791, pero desde hacía años había entrado en la inmortalidad.

Mozart y Salieri: historia y leyenda

Entre las variantes de la leyenda del asesinato de Mozart ha disfrutado de un considerable predicamento en las últimas décadas la que atribuye la responsabilidad criminal al músico italiano Salieri. Tal versión —que nada tiene que ver con la realidad histórica— quedó consagrada por la multioscarizada película *Amadeus* (1984) de Milos Forman. Versión cinematográfica de una obra de teatro (1979) de Peter Shaffer —de la que, curiosamente, se suprimieron las escenas en que los masones se quejan de que Mozart haya revelado sus secretos en *La flauta mágica*—, *Amadeus* no era, en absoluto, original en sus planteamientos. En realidad,

Shaffer adaptó —y amplió— el argumento de *Mozart y Salieri,* una obra del autor ruso Pushkin que también dio origen a una ópera de Rimski-Korsakov con el mismo tema. Salieri no fue ciertamente el asesino de Mozart —aunque sí el maestro de Schubert y de Liszt— pero, posiblemente, cargará para siempre con ese estigma.

DUODÉCIMA PARTE

El Siglo de las Luces

Al igual que otros períodos históricos, el siglo XVIII ha sido idealizado como el de las «Luces», una época de libertad y creación. La realidad fue, sin embargo, muy diferente. No se puede negar el valor de los aportes artísticos de Haydn, Handel o Mozart. Sin embargo, no es menos cierto que los filósofos de la Ilustración fueron, por lo general, intelectuales obsequiosos con el poder de los déspotas, que los monarcas ilustrados se caracterizaron por una pavorosa belicosidad y que el hálito de libertad, finalmente, sólo fue real al otro lado del Atlántico y como consecuencia de la herencia puritana. Los personajes que hemos elegido para esta sección son claros representantes de la época. Federico II fue el monarca que lo mismo podía acoger a Voltaire —que se enriqueció con el tráfico de esclavos— que pactar el reparto despiadado de Polonia; Franklin fue uno de los paradigmas de los padres fundadores de Estados Unidos; Jovellanos fue un ejemplo, bien triste, de cómo la causa del progreso acabó fracasando en España por una triste conjunción de conservadores y utópicos, y Napoleón fue el heredero indiscutible de la Ilustración y la Revolución francesa, hasta el extremo de ensangrentar Europa durante década y media para conseguir coronar sus ambiciones.

El Siglo de las Luces

Federico el Grande

Admirado por Napoleón, convertido en un referente obliga-
do por Bismarck y Hitler, Federico II de Prusia es, sin duda
alguna, uno de los grandes genios militares de la Historia y
un símbolo del militarismo prusiano. Sin embargo, lo cierto
es que hubiera deseado llevar una vida bien distinta.

Había nacido en Berlín, el 24 de enero de 1712, en una
época en que todavía España y Francia eran las grandes
potencias europeas y Prusia no pasaba de ser un diminu-
to Estado en el este del continente sin demasiadas posibilidades de supervivencia. Muy influido por su madre, Sofía Dorotea de Hannover, Federico no hubiera querido
ser rey ni mucho menos militar. Amaba, por el contrario,
la música y el resto de las bellas artes, prefería utilizar el
francés al alemán e incluso a los dieciocho años fraguó un
plan para escapar a Inglaterra y evitar así el cumplir con
sus obligaciones como heredero. No lo consiguió.

En 1733, presionado por un padre que lo aborrecía y
que identificaba las aficiones de su hijo con la estupidez

más profunda, contrajo matrimonio con Isabel Cristina, hija de Fernando Alberto II de Brunswick, y aceptó volver a ser el príncipe heredero. Durante los siguientes años, fue feliz. Su padre, si no entusiasmado, estaba algo más tranquilo y le permitió retirarse a sus posesiones de Rheinsberg, donde entretenía las horas estudiando historia, leyendo filosofía y carteándose con escritores como Voltaire.

En 1740, su vida experimentó un verdadero seísmo. Su padre falleció y Federico no sólo se convirtió en el nuevo rey de Prusia, sino que se vio envuelto en un conflicto dinástico que iba a desgarrar Europa durante años. El fallecimiento del emperador de Austria había sido seguido por la coronación de su hija María Teresa. En teoría, el proceso era impecable porque se sustentaba en una pragmática sanción, pero la verdad es que la idea de una mujer rigiendo un imperio que se pretendía sucesor del romano resultaba cuando menos chocante. Federico estaba dispuesto a apoyar a María Teresa, pero a cambio de la cesión de los ducados de Silesia. María Teresa se negó a plegarse a las pretensiones de Federico especialmente porque consideraba que no era sino un monarca de medio pelo de un reino de tercera. Para sorpresa suya, Federico demostró poseer un instinto verdaderamente genial para la guerra. En 1741, descolló como un nuevo César en Mollwitz y al año siguiente revalidó su rápida fama con una victoria en Chotusitz. En 1742, María Teresa entregó Silesia a Prusia, convencida de que si no obraba así peligraba su propia corona.

Durante los años siguientes, Federico II no dejó de ampliar su territorio. En 1744, se apoderó de Frisia al morir sin herederos su último gobernante y en 1745, volvió a derrotar a María Teresa, que había ido a la guerra ansiosa de recuperar Silesia. A esas alturas, Europa se hallaba totalmente boquiabierta ante un monarca que no sólo era un genio militar, sino también un prolífico escritor —sus obras completas ocupan treinta volúmenes—, un virtuoso flautista y un hábil político y reformador.

Sus cualidades se verían sometidas a una verdadera prueba de fuego durante la guerra de los siete años (1756-1763). En el curso de la misma, Federico volvió a enfrentarse con Austria, que ahora formaba parte de una gigantesca coalición que agrupaba a Francia, España, Rusia, Suecia y Sajonia. El único apoyo que recibió el rey de Prusia —y no pasó realmente del ámbito económico— fue el de Gran Bretaña, que combatía contra Francia en tres continentes y que emergió de la contienda como señora de la India y del Canadá. El conflicto pudo haber acabado con Federico, que en el curso de una de sus derrotas llegó a pensar en suicidarse, pero, finalmente, su perseverancia y la retirada de Rusia de la guerra le permitieron emerger como vencedor. Incluso el hecho de que el zar no siguiera combatiendo contra él debe atribuirse en parte al menos a los méritos del rey de Prusia. El emperador ruso era un rendido admirador suyo y por eso prefirió abandonar el conflicto a verle humillado.

Durante los años siguientes, Federico se reafirmó en la tesis de que debía seguir enfrentándose con Austria por el control de los estados germánicos y de que en esa lucha la alianza con Rusia le sería indispensable. Gracias a una visión de la política europea que sería continuada por Bismarck en el siglo XIX y que sólo sería —erróneamente— abandonada por el káiser Guillermo II, Federico II se repartió Polonia con Rusia en 1764 y se anexionó los principados franconios de Baviera en 1779. Seis años después, asestó un golpe inmenso a la dominación austríaca al crear el Fürstenbund, una alianza de príncipes alemanes que tenía como objetivo evitar la reconstrucción del Sacro Imperio Romano Germánico bajo Austria.

Cuesta verdaderamente creer que pudiera realizar todo esto a la vez que la supervisión personal de las obras públicas, que la redacción de trabajos filosóficos, que la inspección de la desecación de marismas o la selección de especies para el cultivo. Sin embargo, ésa es la realidad histórica. Federico fue un rey más constructor que destructor y a lo largo de su vida desarrolló un pragmatismo político que sorprende hoy en día por su actualidad. Así, a pesar de no ser seguramente creyente, defendía los principios de la Reforma protestante porque valores como el ahorro, el trabajo y el esfuerzo personal le parecían esenciales para que una sociedad prosperara y, de la misma manera, no dejó de manifestar su aprecio por los judíos.

Protector de las artes y de las letras, nunca llegó a superar la aversión que le producía la lengua alemana, hasta el punto de que su palacio de Potsdam —en el que murió el 17 de agosto de 1786— recibió un nombre francés, «Sans Souci», es decir, «Sin Preocupación». Sin duda, así hubiera deseado él vivir, pero la Historia no se lo permitió.

El militarismo prusiano

La figura de Federico II ha sido utilizada en repetidas ocasiones como una muestra paradigmática del militarismo prusiano. Sin embargo, resulta un tanto dudoso que pueda achacarse esta característica a Prusia, y menos aún en exclusiva. Nación muy pequeña que corría el riesgo de verse aniquilada a la primera derrota —algo parecido a la situación del estado de Israel en la actualidad—, Prusia se preocupó por tener un ejército extraordinariamente eficaz. Sin embargo, no fue más agresivo —tanto Austria como Francia llevaron a cabo muchos más actos de agresión que Prusia— ni más despiadado que otros. De hecho, la idea de un ejército nacional creada por la Revolución francesa y desarrollada por Napoleón resultó mucho más peligrosa y afectó a muchos más segmentos de la sociedad que la política seguida por Federico II de Prusia o cualquiera de sus sucesores. Por otro lado, aunque el ejército tuvo un papel importante en la sociedad prusiana, jamás llegó a disponer del poder de que disfrutó en naciones tan distantes como las nacidas a la independencia en Hispanoamérica o Japón. A los militares se los necesitaba, pero nunca pudieron implantar una dictadura ni, por otra parte, tal eventualidad se les hubiera pasado por la cabeza. Sin duda, atacar el militarismo prusiano sería una eficaz arma propagandística durante las guerras mundiales, pero la afirmación contrastada, por ejemplo, con la historia militar de Francia resiste con dificultad un examen riguroso.

Benjamin Franklin

Inventor, diplomático, científico, Franklin es uno de los personajes más sorprendentes de finales del siglo XVIII. Considerado por Max Weber un paradigma de la ética protestante, en realidad, fue, hasta su último aliento, un hombre empeñado en la causa del progreso entendido no en términos ideológicos, sino reales.

Decimoquinto de una familia de diecisiete hermanos, Benjamin vio la primera luz en la ciudad de Boston en el año 1706. Aunque sólo pudo asistir a la escuela elemental por un tiempo limitado, fue educado en las virtudes protestantes de la laboriosidad, del aprovechamiento del tiempo y de la búsqueda de la excelencia. Siendo niño comenzó a trabajar en la fábrica de velas de su padre y de ahí pasó por oficios como los de carpintero o albañil, hasta dar a los doce años en la imprenta de su hermano. Fue en este lugar donde realizó sus primeros pinitos literarios, que abandonó cuando su padre le instó a emplear mejor el tiempo.

Durante los años siguientes, Benjamin no sólo consiguió tener una imprenta propia, sino que incluso se desplazó a Inglaterra para perfeccionar el oficio. Sin embargo, Franklin —una vez más el instinto de superación— no estaba dispuesto a quedarse en aquella situación. En 1727 había logrado convertirse en el impresor de papel moneda en las colonias británicas de América, y en 1729, adquirió el periódico *La Gaceta de Pensilvania,* que se publicó durante casi dos décadas.

Convencido del papel que representaba la cultura en la promoción social, en 1731 fundó la primera biblioteca pública de Filadelfia. A esas alturas, llevaba un riguroso listado de los actos que realizaba, procurando que ninguno fuera malo y que, por el contrario, se fueran sumando los provechosos. Esa visión que descansaba, entre otras cosas, sobre el deseo de realizar acciones útiles para los demás explica, por ejemplo, que en 1736 Franklin fundara el primer cuerpo de bomberos de Filadelfia o que contribuyera al establecimiento de la universidad y del primer hospital de Pensilvania. En paralelo, Franklin desarrolló un enorme interés por la ciencia. Desde el año 1747, se entregó al estudio de los fenómenos relacionados con la electricidad, cuyo principio de conservación enunció. Cinco años después llevaría a cabo su conocido experimento de la cometa. Como es sabido Franklin ató una cometa con estructura metálica a un hilo de seda que en su extremo llevaba una llave también de metal. Al volar la cometa en un día de tormenta, verificó que la llave se cargaba de electricidad, lo que implicaba que las nubes estaban cargadas de electricidad y que los rayos eran descargas eléctricas. De aquel experimento, en apariencia trivial, surgiría precisamente su invento más famoso, el pararrayos. El más famoso que no el único, porque a él se debieron, entre otros aportes, las lentes bifocales, el humidificador para estufas y chimeneas, lo que luego sería el cuentakilómetros, las aletas de nadador y un largo etcétera. No resulta extraño que en 1772 la Academia de las Ciencias de París lo designara como uno de los científicos no franceses de mayor relevancia.

A pesar de todo lo anterior, es posible que Franklin sea sobre todo conocido por su papel en la formación de Estados Unidos como nación independiente. La experiencia política de Franklin había sido muy variada representando a Pensilvania en la asamblea general de Filadelfia y ante la Cámara de los Comunes. Como otros norteamericanos, su apoyo a la sublevación contra la metrópoli vino impulsado no tanto por el deseo de crear una utopía como por el ansia de defender unos derechos —propiedad, libertad de conciencia...— que veían amenazados por Jorge III.

En contra de lo que se ha afirmado, Franklin no tuvo papel en la Declaración de Independencia, pero su prestigio y su pertenencia a la masonería lo convirtieron en el personaje adecuado para recabar la ayuda de Francia. En 1775 era el representante oficial de los rebeldes en esta nación, y tres años después lograba firmar un tratado de comercio y cooperación que resultaría de enorme relevancia para la victoria. Su carrera diplomática concluyó con un éxito notable como fue el de fijar las condiciones de la derrota británica.

Franklin no tardó en regresar a la nueva nación y en 1785 fue elegido gobernador de Pensilvania. A esas alturas, era muy consciente de que la institución de la esclavitud podía tener consecuencias nefastas para Estados Unidos. En 1787 fue elegido presidente de la sociedad para promover la abolición de la esclavitud, pero no le quedaba mucha vida por delante.

Su último año de existencia lo pasó en la cama afectado de una pleuritis. Enfermo pero no rendido, porque procuró seguir escribiendo y arrojando luz sobre las circunstancias en que vivían sus ciudadanos hasta que falleció en 1790. Toda su vida había perseguido la superación y pocos hubieran negado que lo había conseguido.

Revolución a la americana

Al igual que había sucedido con la revolución inglesa —y a diferencia de la francesa—, la americana no buscó tanto implantar una teoría previa como defender unos derechos ya existentes. Esa circunstancia explica que se considerara como derechos otorgados por Dios «la vida, la libertad y la búsqueda de la felicidad». Ninguna constitución —ningún gobierno— podía garantizar la felicidad, aunque sí el ejercicio de derechos como la libertad de conciencia o la propiedad privada. Quizá esa visión más modesta explique por qué la revolución americana careció de guillotina o de campos de concentración.

Jovellanos

Situado entre la Ilustración y la revolución liberal, Jovellanos pretendió para España una evolución política muy semejante a la que experimentó Inglaterra. La invasión francesa frustraría ese proceso de reforma pacífica y paulatina, y marcaría trágicamente la historia de la España posterior.

Gaspar Melchor de Jovellanos nació en la ciudad asturiana de Gijón el 5 de enero de 1744. Cursó estudios de Filosofía en la Universidad de Oviedo y de Derecho Civil y Canónico en las de Ávila y Alcalá. Fue precisamente en esta última universidad, tan vinculada históricamente a distintos avances en el mundo de las ideas, donde Jovellanos entró en contacto con el espíritu de la Ilustración. En contra de un concepto muy extendido sobre ella, la Ilustración no pretendía cambiar el sistema de la monarquía absoluta, sino modernizarlo abriéndolo a los avances científicos y administrativos. Esa circunstancia tendría, por supuesto, unas repercusiones positivas sobre el pueblo, aunque entre ellas no se encontrara la representatividad. La Ilustración no era, por lo tanto, un movimiento encaminado hacia la consagración de las libertades, sino a la eficacia, algo muy similar a lo propugnado por algunas de las dictaduras de «obras» que han existido durante el siglo XX.

Inicialmente, Jovellanos estaba destinado al estado clerical, pero acabó orientándose hacia las tareas jurídicas. Así, en 1767 fue nombrado por Carlos III alcalde del crimen de la Audiencia de Sevilla, y en 1774 ascendió a la plaza de oídor. Cuatro años después se trasladó a Madrid en calidad de alcalde de casa y corte, y en 1780 fue designado miembro del Consejo de Órdenes Militares. Esa situación experimentó una interesante variación cuando Jovellanos llamó la atención de Pedro Rodríguez de Campomanes, fiscal del Consejo de Castilla. Paradigma de la Ilustración durante el reinado de Carlos III, Campomanes era consciente de las limitaciones del sistema económico del Antiguo Régimen y encontró en Jovellanos a un personaje especialmente dotado para analizar esas situaciones.

Miembro de la Junta de Comercio y Moneda y de la Sociedad Económica Matritense, Jovellanos redactó el *Informe sobre el fomento de la marina mercante* (1784), el *Informe sobre el libre ejercicio de las artes* (1785), y, sobre todo, el *Informe en el expediente de la Ley Agraria*. Esta obra fue la conclusión de un viejo proyecto del Consejo de Castilla que ya en 1766 pretendía redactar una ley agraria que modernizara el sector económico principal de la época. Once años después, la Sociedad Económica Matritense recibió el encargo del Consejo de Castilla y aún pasaría otra década antes de que se solicitara la redacción de Jovellanos. El texto resulta de una enorme importancia porque deja de manifiesto cómo la única salida para el desarrollo del campo pasaba por abordar reformas propias del liberalismo económico. La solución a los problemas del agro no estaba en la intervención estatal ni el mantenimiento del entramado del Antiguo Régimen —incluida la perpetuación del sistema de bienes eclesiásticos—, sino en lo que hoy denominaríamos una liberalización del suelo.

A pesar de su mérito considerable, la obra de Jovellanos no tuvo repercusión como consecuencia del estallido de la Revolución francesa. La idealización posterior de este episodio no puede ocultar el horror que inspiró en los contemporáneos, que no podían comprender que la libertad se asentara sobre el Terror de la guillotina y el regicidio. Cuando además el régimen revolucionario comenzó a agredir a los países limítrofes como fue el caso de España, la reacción no se hizo esperar. En un intento de defensa frente a la revolución, las iniciativas ilustradas se vieron abortadas. En 1790, Jovellanos era enviado a su Asturias natal en lo que se asemejaba notablemente al destierro.

En 1797, Godoy, un valido enormemente criticado pero no exento de cualidades, lo rehabilitó encargándole el Ministerio de Gracia y Justicia, pero su permanencia en el poder no fue prolongada. En 1801, se hallaba nuevamente desterrado en el castillo de Bellver, en Mallorca. Jovellanos se vio liberado precisamente cuando resultaba obvio que iba a producirse un choque entre los destacamentos franceses, que habían ido situándose en España, y la población. Así sucedió efectivamente en Madrid el 2 de mayo de 1808.

A diferencia de algunos ilustrados que consideraron a los franceses como una punta de lanza del progreso, Jovellanos los contempló como lo que eran en realidad, agresores despiadados que tan sólo deseaban someter a España como habían hecho ya con otras naciones. No resulta por ello sorprendente que aceptara ocupar un cargo destacado en la Junta Central, un organismo que pretendía unificar la resistencia contra el invasor. Fue el avance de las tropas francesas el que obligó precisamente a Jovellanos a emprender una huida continua. La muerte le sorprendió el 27 de noviembre de 1811. Se encontraba en el puerto asturiano de Vega. No pocos de sus seguidores se darían cita en las Cortes de Cádiz, de las que surgiría la primera Constitución española, la liberal de 1812. Sin embargo, el jovellanismo había ya pasado a la Historia. En un contexto pacífico, hubiera podido significar una evolución semejante a la experimentada por Inglaterra; con la cercanía de la Revolución francesa, quedó ahogado.

Entre el liberalismo económico y el político

Como ilustrado, Jovellanos defendía sobre todo una política de lo que hoy denominaríamos «desarrollismo». El avance económico, la desaparición de trabas para la productividad, la puesta en marcha de adelantos debían tener un impacto notable sobre la nación. Precisamente por esa causa, Jovellanos podía abogar por medidas económicas propias de un liberalismo incipiente. No hubiera podido aceptar, sin embargo, un liberalismo político partidario de la separación de poderes y de un control del ejecutivo por el legislativo. En ese sentido, Jovellanos creía en el mantenimiento del sistema representativo español tradicional, el de una monarquía limitada por un cuerpo de leyes que evitaba las arbitrariedades y que además contenía ciertos elementos representativos. La reforma económica y el mayor bienestar hubieran podido encauzar a España por el camino de un progreso que habría tenido repercusiones políticas. La invasión francesa cercenó totalmente semejante posibilidad.

Napoleón

Durante siglos, la figura de Napoleón ha aparecido ante los más diversos medios como la encarnación casi pura del genio. Invencible militar, extraordinario jurista, agudísimo político y, sobre todo, campeón de las libertades. Sin embargo, a casi dos siglos de su muerte, resulta obligado hacer balance y preguntarse si, verdaderamente, Napoleón fue un genio o un extraordinario manipulador.

Aunque la figura de Napoleón aparece presentada habitualmente como una consumación de los ideales de la Revolución francesa y su extensión por el continente europeo, uno de los primeros aspectos que descubre el historiador es la notable endeblez de la ideología napoleónica. Nacido el 15 de agosto de 1769, en Ajaccio, Córcega, Napoleón —a la sazón, Napoleone— Bonaparte cursó, primero, estudios en Brienne y en la Escuela Militar de París gracias a las subvenciones de Luis XVI. Terminó sus estudios en 1785 —a los dieciséis años— y sirvió en un regimiento de artillería con el grado de teniente.

Con el estallido de la Revolución francesa, Napoleón no se inclinó por las ideas liberales, sino por el separatismo corso en el que militó durante algún tiempo. Fue precisamente la imposibilidad de medrar en un ámbito tan reducido la que lo llevó a encaminarse a Francia. Nombrado jefe de artillería del ejército encargado de la reconquista de Tolón, una base naval alzada en armas contra la República, Napoleón obtuvo uno de sus primeros éxitos levantado sobre espaldas ajenas. La toma de la plaza la realizó otro mando, pero Bonaparte logró presentarse como artífice de la victoria y así consiguió un ascenso a general de brigada con veinticuatro años.

Se sabía en el camino del éxito y recurrió a todo para afianzarlo. En 1795, aplastó sin piedad una insurrección popular en las calles de París y al año siguiente se casó con Josefina de Beauharnais, la viuda de un aristócrata con magníficas relaciones en los cenáculos del poder. Fue gracias a esas relaciones como Napoleón obtuvo, ese mismo año, el mando del ejército francés en Italia. Durante los meses siguientes, las tropas francesas derrotaron a las austríacas en una campaña en la que, hoy en día, se tiende a creer que la fortuna —y la acción de algunos militares— tuvo mucho más peso que el genio militar de Bonaparte. Sin embargo, el joven general supo aprovechar el éxito para lograr que se le entregara el mando de una expedición enviada a Egipto y dirigida contra el poder británico en Oriente.

A pesar de la épica con que se ha rodeado esta campaña, lo cierto es que Bonaparte —que acarició la idea de convertirse al islam para desestabilizar todo el statu quo de la época— sólo derrotó a un ejército medieval de mamelucos y que, enfrentado con los británicos, optó por abandonar a sus tropas en Oriente y regresar a Francia. Otro general hubiera pagado muy caro aquel acto de cobardía e incompetencia, pero semejante peligro quedó conjurado al dar un golpe de estado el hermano de Napoleón, Luciano, el 9-10 de noviembre de 1799 (18-19 de brumario, según el calendario revolucionario) y quedar establecida una dictadura militar que recibió el nombre de «consulado».

Durante los siguientes años, Napoleón lograría dotar de carácter vitalicio al consulado y convertirlo finalmente en imperio. Para los bonapartistas se trató de una verdadera época de gloria —que llegó a su cenit con la victoria de Austerlitz el 2 de diciembre de 1805—, en el curso de la cual Napoleón redactó el código que lleva su nombre y alteró la Europa del Antiguo Régimen con el avance de las banderas de la libertad. La realidad histórica es, sin duda, menos luminosa. Napoleón instauró un régimen policial en el que por segunda vez en la Historia —la primera había sido con la Revolución francesa— la policía secreta espió sin límites a los ciudadanos y coartó las libertades de una manera que superaba los métodos (y los resultados) de la Inquisición. Por si fuera poco, Bonaparte dictó una serie de normas antiliberales, antisemitas y antieclesiásticas que le permitieron controlar la mente de sus súbditos y, sobre todo, desgarró el mapa de Europa en una sucesión constante de guerras no para llevar la libertad a las naciones sino para repartirlas entre sus hermanos.

En 1806, por ejemplo, nombró rey de Nápoles a su hermano mayor, José. Su hermano Luis fue coronado rey de Holanda mientras que Jerónimo recibía el reino de Westfalia.

A esas alturas, tan sólo Gran Bretaña —la única monarquía parlamentaria del continente— se oponía incansable a las ambiciones del Corso. Para asfixiarla económicamente, Napoleón decretó la política de bloqueo continental, que pretendía impedir que Gran Bretaña comerciara con el continente. Para que ésta pudiera ser efectiva, Napoleón necesitaba la aquiescencia de España y el sometimiento de Portugal, aliado secular de los ingleses.

Los resultados para España de esa política no pudieron ser más desastrosos. En 1805, su marina fue aniquilada por la inglesa en la batalla de Trafalgar, y en 1808 su territorio fue invadido por las tropas francesas y proclamado rey José, el hermano de Napoleón. Contrariamente a lo que había esperado el emperador, el conflicto contra España le resultó fatal hasta el punto de que lo denominaría años después «la úlcera española».

Mientras en 1810 se casaba con María Luisa de Austria en un intento de emparentar con la aristocracia europea —algo que casa mal con la idea de un gobernante liberal—, en España quedaban inmovilizados centenares de miles de soldados franceses y numerosos países miraban hacia la península Ibérica como un ejemplo de que la resistencia contra Bonaparte era posible. Sin embargo, nada de esto era advertido por Napoleón. En 1812 —el mismo año en que los liberales de Cádiz aprobaban la primera Constitución de la historia de España— Bonaparte invadió Rusia con la intención de concluir su control con el continente. Llegó a entrar en Moscú, pero el zar Alejandro I ni se rindió ni entabló conversaciones de paz. Entonces, Napoleón se vio obligado a emprender una espantosa retirada en medio del invierno ruso. De los seiscientos mil hombres del ejército invasor, apenas salieron de Rusia unas decenas de miles.

Al año siguiente, una Europa harta de sus tropelías lograba derrotarlo en Leipzig en un titánico esfuerzo por recuperar su libertad. Los vencedores fueron generosos —más que él lo había sido en las décadas anteriores— y se limitaron a desterrarlo a la isla de Elba. Fue un error. En marzo de 1815, Napoleón estaba de regreso en Francia y marchó sobre París tras vencer a las tropas enviadas para capturarlo, con lo que se inició el período denominado de los «Cien Días». A esas alturas, sin embargo, los adversarios de Napoleón conocían magníficamente sus limitaciones como estratega y le asestaron, primero, una derrota de enorme relevancia en Waterloo el 18 de junio de 1815 y, a continuación, siguieron golpeándolo una y otra vez hasta forzar su abdicación.

Esta vez fue recluido en Santa Elena, una isla en el sur del océano Atlántico, en la que, no obstante, también fue tratado con enorme generosidad. Aprovecharía ese tiempo para escribir el famoso *Memorial de Santa Elena*, en el que se justificaba de todas sus acciones y culpaba a la guerra de España de sus derrotas finales. El 5 de mayo de 1821 falleció posiblemente envenenado por un agente borbónico.

Las razones de un éxito

Desde muchos puntos de vista, la imagen que la propaganda francesa nos ha transmitido de Napoleón resulta falaz y exagerada. No es pecar contra la verdad afirmar que Bonaparte fue un dictador sin escrúpulo moral alguno, aquejado de graves problemas psicológicos, totalmente desprovisto de compasión hacia el prójimo y siempre dispuesto a adornarse con plumas ajenas. ¿Cuál fue, aparte del conocido nacionalismo francés, la razón de su éxito y de su persistencia en la propaganda posterior? La primera, sin duda alguna, fue su capacidad para crear una máquina militar de enorme potencia. Buena parte de sus reformas ya habían sido adelantadas en otros países y en otras épocas, pero Napoleón fue el primero que recurrió al reclutamiento universal aumentando de manera vertiginosa los efectivos de que disponía y procurándole una aplastante superioridad material. Sus adversarios tardarían décadas en seguir su ejemplo, y aun entonces no se vería generalizado hasta el siglo siguiente. La segunda fue un aparato de propaganda verdadero precedente del usado por comunismo y nacional-socialismo ya en el siglo xx. Napoleón reinstauró la esclavitud en la América francesa, dictó leyes antisemitas, adoptó terribles represalias contra poblaciones civiles y pisoteó los derechos más elementales, pero siempre supo presentarse como el paradigma del progreso y de la libertad frente a la reacción y millones lo creyeron. Lenin, Stalin, Mao o Fidel Castro apenas han logrado superarlo.

Britannia rules the waves...!

Emergida del período de la Reforma como una potencia de primer orden, la Inglaterra del siglo XVIII ambicionó, sobre todo, el dominio de los mares. Era consciente de que el control de los océanos no sólo serviría para defender la isla de posibles ataques, sino también una condición indispensable para forjar un imperio. Ambas circunstancias quedarían ampliamente de manifiesto durante el siglo de la Ilustración y fueron trascendentales para acabar precipitando la derrota de Napoleón. Las dos figuras que hemos incluido en este apartado demuestran la veracidad de lo que acabamos de afirmar. Si Cook sentó las bases de una expansión territorial incomparable, Nelson fue decisivo en el triunfo sobre las insaciables ambiciones del Gran Corso.

El capitán Cook

Aunque para muchos —especialmente en el mundo anglosajón— Cook es el gran descubridor oceánico, lo cierto es que en no pocos casos llegó a lugares donde ya otros habían estado con anterioridad. Fue un gran explorador, sin duda, y un extraordinario cartógrafo, pero no pocas veces de los enclaves que otros habían descubierto previamente.

James Cook nació en Marton, Inglaterra, en 1728. Hijo de un jornalero, nada hacía presagiar su futura carrera naval. Tras ser aprendiz en una firma de navieros, en 1755 se enroló en la Armada Real. Durante la década siguiente, viajó en expediciones cartográficas que tenían como objetivo las costas del Atlántico norte en el Canadá.

En 1768, ya en calidad de teniente de navío al mando del *Endeavour,* comenzó el primero de sus grandes viajes al Pacífico sur. La finalidad era llegar a la ya descubierta isla de Tahití y llevar a un grupo de astrónomos. Después se dirigió a Nueva Zelanda —ya descubierta en el siglo anterior por el holandés Tasman—, donde cartografió la costa con notable exactitud. En 1770, avistó las costas de Australia. Se ha convertido en un tópico señalar que Cook la descubrió, pero semejante afirmación es inexacta. De hecho, en 1567, el español Álvaro de Mendaña ya había descubierto las islas Salomón, al noroeste de Australia, y entre los años 1595 y 1605, las naves españolas siguieron realizando expediciones que alcanzaron Australia. A decir verdad ésta recibió ese nombre por su vinculación con la casa española de los Austrias. Sí es cierto que Cook fue el primero que desembarcó en la costa oriental de la isla que recibiría el nombre de Botany Bay, por la abundancia de especies vegetales.

Durante los siguientes meses, Cook siguió cartografiando la costa en dirección al norte, llegando a navegar entre aquélla y la Gran Barrera de Arrecife. Después siguió por el estrecho de Torres y desembarcó en Java. Tampoco aquí fue Cook el primer europeo, ya que los portugueses habían llegado en el siglo XVI y éstos, a su vez, habían sido precedidos por numerosas oleadas de viajeros asiáticos. Con posterioridad, Cook navegó por el estrecho de Sonda, dejando establecido que Java y Sumatra eran dos islas independientes. En 1771, Cook se encontraba de regreso en Inglaterra, donde fue ascendido a capitán.

En 1772, al mando del *Resolution,* y en compañía de la nave *Adventure,* partió para su segundo viaje austral. La finalidad del viaje era hallar un supuesto continente en el sur del globo que algunos identificaban con referencias confusas en los autores clásicos y que incluso se consideraba indispensable para lograr un supuesto equilibrio entre los continentes del hemisferio norte y los del sur. Cook llegó hasta la Antártida, pero no llegó a avistarla. Semejante proeza correspondería ya en el siglo siguiente a una expedición rusa al mando de Bellingshausen.

En 1773, la expedición alcanzó unas islas que denominó Hervey, pero que, posteriormente, recibirían el nombre de Cook. Durante el año siguiente, cartografió las Nuevas Hébridas, las islas Marquesas y la isla de Pascua.

En 1775, Cook fue nombrado miembro de la Royal Society y condecorado con la medalla Copley a los descubrimientos científicos.

En julio de 1776, Cook partió en una nueva expedición cuya finalidad era descubrir la existencia de un paso del noroeste entre los océanos Atlántico y Pacífico al norte del continente americano. Cook alcanzó las costas de Norteamérica, a la altura del actual Oregón, pero no encontró el supuesto Paso del Noroeste. Sí logró cartografiar el litoral occidental hasta Alaska, llegando a la actual ensenada de Cook. Siguió luego hacia el norte hasta alcanzar el estrecho de Bering. El hielo lo obligó a retroceder. En el curso del viaje, Cook llegó a las islas Sándwich, donde sufrió un final trágico. El robo de una embarcación desencadenó una disputa con los isleños durante la cual Cook encontró la muerte.

Extraordinario cartógrafo, denodado explorador, incluso pionero en las técnicas dietéticas de la marina, Cook ha pasado a la Historia precisamente por la faceta en la que menos destacó, la de descubridor.

Contra el escorbuto... diligencia

La navegación antigua entrañaba no sólo grandes peligros derivados del tipo de embarcaciones utilizadas sino, de manera muy especial, de la alimentación consumida por las tripulaciones. La disentería y el escorbuto eran algunos de los males que se cebaban sobre la marinería. En la expedición de 1772, Cook extremó las medidas de higiene y varió la dieta insistiendo en el consumo de alimentos fresco, con lo que se redujeron drásticamente los casos de escorbuto. Semejante logro causó una enorme impresión en su época.

CAPÍTULO TRIGÉSIMO QUINTO
Nelson

Nunca se enfrentaron personalmente, pero no puede haber muchas dudas acerca del papel esencial de Nelson a la hora de abortar los proyectos imperiales de Napoleón. Sin Nelson, el Corso hubiera colapsado el comercio británico e invadido las islas. Frente a él —como decía la canción— «Gran Bretaña rigió los mares.»

Horatio Nelson nació en Burnham Torpe, Norfolk, el 29 de septiembre de 1758. Miembro de una familia de marinos, con tan sólo doce años ingresó en la Armada Real, sirviendo inicialmente a las órdenes de un tío suyo llamado Maurice Suckling. Durante los años siguientes, recorrió el océano ártico y las Indias Orientales y Occidentales, adquiriendo una experiencia que le permitió convertirse en capitán con tan sólo veintiún años. Su extraordinaria competencia no escapó a sus superiores, que le encomendaron instruir al príncipe Guillermo —el futuro Guillermo IV— en el arte de navegar. Sin embargo, Nelson deseaba desempeñar un servicio activo y en 1784 obtuvo el mando de la fragata *Boreas,* estacionada en Antigua, Indias Occidentales. Fue en esa época juvenil cuando contrajo matrimonio con Fanny Nisbet.

Quizá la carrera de Nelson no hubiera pasado de ser la de un competente oficial encargado de defender las rutas comerciales de no haberse desencadenado la Revolución francesa y con ella las agresiones francesas sobre el resto del continente. En 1793, Nelson participó brillantemente en la ocupación de Tolón. La plaza no pudo ser mantenida por ingleses y españoles ya que un joven general llamado Napoleón Bonaparte la recuperó para los revolucionarios franceses. Sin embargo, la campaña no dejó de tener resultados positivos para Nelson. Durante la misma se convirtió en amante de lady Emma Hamilton, esposa del embajador británico en Nápoles, con la que mantendría una relación escandalosa, apasionada y fecunda. Por añadidura, participó en la conquista de Córcega y fue herido en el ojo derecho durante el asedio de Calvi.

En 1797, Nelson volvió a enfrentarse con la escuadra francesa, pero, esta vez, los españoles eran sus adversarios en lugar de sus aliados. El primer choque tuvo lugar en las costas del cabo de San Vicente y se saldó con una derrota española. En julio de ese mismo año, Nelson lanzó un ataque a la ciudad de Santa Cruz de Tenerife. Esta vez la victoria recayó en los españoles y Nelson fue herido en el brazo derecho, que, finalmente, le fue amputado. La amargura de una nueva pérdida física quedó en buena medida compensada cuando descubrió que la flota francesa se estaba concentrando en Tolón con la intención de invadir Egipto. Parecía obvio que Napoleón, todavía no

convertido en el hombre fuerte del régimen revolucionario, pretendía estrangular las rutas inglesas hacia la India y
así asestar un golpe decisivo a su adversario más tenaz.
Nelson persiguió por todo el Mediterráneo a la flota francesa, pero no pudo impedir que Napoleón desembarcara
en Egipto. Sin embargo, en un brillantísimo ejercicio tác-
tico, Nelson se enfrentó con las naves francesas en Abukir,
donde destruyó la mayor parte de la flota enemiga. Abukir dejó de manifiesto para el que quisiera observarlo que
Nelson era extraordinariamente superior a sus adversarios,
pero que también lo eran los oficiales y los marineros a sus
órdenes. Napoleón quedó aislado en Egipto —situación
de la que salió abandonando a sus tropas a su suerte y re-
gresando a París él solo— y Nelson pudo liberar Nápoles
del dominio de los revolucionarios franceses. Se trató de
una campaña brillantísima al término de la cual Nelson
fue nombrado vicealmirante y se separó de su esposa.

El siguiente destino de Nelson fue mandar la flota
que, destinada en el mar Báltico, debía obligar a Dinamarca y Suecia a interrumpir su ayuda económica a Francia. Nelson, aunque era el segundo al mando, dirigió las
operaciones y logró una extraordinaria victoria al aniquilar la flota danesa en la batalla de Copenhague.

La paz de Amiens puso fin —temporal— al enfrentamiento en Francia e Inglaterra, pero resultaba obvio que
Napoleón no cejaría hasta destruir a los ingleses, un propó-
sito al que unció a España, para desgracia de ésta. En 1803,
se reanudó la guerra y Nelson recibió el mando de la flota
del Mediterráneo. Durante dos años logró bloquear la flota francesa en Tolón, impidiendo así los planes napoleóni-

cos de invasión de Inglaterra. En 1805, la flota francesa, al mando de Villeneuve, logró eludir el cerco y escapar a las Antillas perseguida por Nelson. El almirante inglés intentó dar caza a los navíos franceses, pero éstos consiguieron regresar a Europa y refugiarse en Cádiz amparándose en la alianza que España había suscrito con Napoleón. Como en todos los casos en que España se ha convertido en aliada de Francia, los resultados iban a ser desastrosos.

El 21 de octubre de 1805, Nelson se enfrentó con la flota francoespañola frente a las costas del cabo Trafalgar. Antes de comenzar el combate, se había limitado a anunciar a sus hombres que Inglaterra esperaba que cada uno de ellos cumpliera con su deber. Inglaterra, ciertamente, no tuvo motivo de queja. A pesar de que la flota francoespañola era superior numéricamente, Nelson la aniquiló en el curso de una batalla que pasaría a los anales de la historia naval. El coste fue, sin embargo, muy elevado para los británicos. El poder naval de Gran Bretaña quedó consagrado durante décadas y Napoleón vio convertirse en humo su plan de invadir Inglaterra. Sin embargo, el artífice de tal victoria, el almirante Horatio Nelson, murió en pleno combate a bordo del *Victory*, su famoso buque insignia.

Entre Fanny y Emma

El motivo de la separación de Horatio Nelson fue un amor verdaderamente apasionado por Emma Hamilton. Tanto la amaba que llegó a escribir que «aunque pasaran cincuenta vírgenes por su habitación no bastarían para tentarlo». Precisamente porque sólo deseaba vivir esa pasión, otorgó un testamento en el que dejaba a su esposa Fanny todo «a cambio de que me dejes libre». Fanny siguió insistiendo en la reconciliación, pero sin éxito. Esa perseverancia tendría malos efectos para el almirante al que se le cerraron determinados círculos sociales y, sobre todo, acabó acarreando pésimas consecuencias para Emma Hamilton. Cuando Nelson murió en Trafalgar no existía vínculo legal que le uniera a Emma y, por lo tanto, nada podía dejarle. La corona inglesa decidió entonces pasar al hermano de Nelson, un clérigo, una suma sustanciosa a fin de que se la hiciera llegar a Emma. Sin embargo, el clérigo no veía bien aquellos amores y se desentendió de la antigua lady Hamilton, que moriría en la penuria.

El ocaso español

La derrota de España, espada de la Contrarreforma, a mediados del siglo XVII no significó la pérdida de su vasto imperio colonial. Éste se produciría en relación directa con la agresión francesa de 1808 y la acción de la masonería, que alentaba a los independentistas hispanoamericanos. Los personajes elegidos para esta sección reflejan algunos de los aspectos más sugestivos de aquella época. Por un lado, Goya nos muestra la evolución del genio desde la alegría del siglo XVIII hasta la amargura provocada por el exilio y la restauración del absolutismo borbónico; por otro, Simón Bolívar aparece, con todo su entusiasmo y su frustración, como el mayor de los emancipadores hispanoamericanos. Finalmente, Mariana Pineda constituye un triste ejemplo de los españoles inocentes arrastrados por los demagogos y pagadores finales de las tragedias desencadenadas en pos de utopías irrealizables. Sería éste un drama llamado a perdurar hasta bien entrado el siglo XX.

El ocaso español

Goya

Alegre y amargado, tradicional e innovador, antiliberal y antiabsolutista, Goya fue, desde muchos puntos de vista, un reflejo de toda una época, la que fue desde la Ilustración al colapso del Antiguo Régimen. Y, sobre todo, plasmó una de las obras pictóricas más geniales de la edad contemporánea.

Corría el año de gracia de 1746 cuando el 30 de marzo vio la primera luz en la minúscula localidad aragonesa de Fuendetodos (cerca de Zaragoza) Francisco de Goya. En no escasa medida, su futura ocupación estuvo determinada por la de su padre, un dorador de retablos. Así, tras cursar estudios en las Escuelas Pías de Zaragoza, entró como aprendiz en el taller de José Luzán. Era éste un pintor que, aunque actualmente resulta casi un desconocido, supo impulsar el talento de Goya en los cuatro años que estuvo con él. A pesar de todo, resultaba obvio que Aragón era un mundo muy reducido para dar cabida al talento, y en 1763 el joven Francisco se trasladó a Madrid.

Ambicionaba Goya ganar un premio en la Academia de San Fernando y no lo consiguió, pero sí trabó amistad con un pintor de la corte llamado Francisco Bayeu. Resulta difícil minimizar el peso que Bayeu tendría en la trayectoria posterior de Goya. Gracias a él logró el pintor participar en los frescos de la iglesia de la Virgen del Pilar en Zaragoza —que no puede calificarse de uno de sus mejores logros—, y que, más tarde, acabó encontrando acomodo en la corte. Al fin y a la postre, Goya se casaría con Josefa, hermana de Bayeu.

En 1771 Goya viajó a Italia, donde permaneció un año del que tenemos pocos datos. En 1773, se presentó a varios proyectos para la realización de frescos, entre ellos el de la Cartuja de Aula Dei, cerca de Zaragoza. El resultado fue más feliz que el del Pilar, pero debe reconocerse que Goya nunca fue un gran pintor de frescos. Sin embargo, durante la década siguiente, Goya descollaría en dos áreas de manera indiscutible. La primera fue la pintura de cartones para tapices. Alegres, chispeantes, realistas, traducían la visión de un Goya al que sonreía la existencia y que vivía además en una sociedad ajena a grandes tragedias, beneficiada por una evolución lenta pero real, y volcada en diversiones sencillas. Los tapices de Goya fueron una verdadera revolución, ya que apartó la industria del tapiz de las reproducciones de Teniers para adentrarse en terrenos originales. Por si fuera poco, Goya demostró tener unas dotes extraordinarias para el retrato. Su *Carlos III, cazador*, o su *Marquesa de Pontejos* ponen de manifiesto un genio incipiente que no tardaría en eclosionar con toda su pujanza.

En 1789, Goya era nombrado pintor de cámara por Carlos IV y en 1799 ascendió a primer pintor de cámara, decisión que le convirtió en el pintor oficial de palacio. El genio y el éxito le depararon una relación amorosa con Cayetana, la duquesa de Alba. La documentación que ha llegado hasta nosotros muestra que el pintor estuvo muy enamorado y que sufrió enormemente cuando la aristócrata decidió romper con él. De aquella historia amorosa quedarían *La maja desnuda* y *La maja vestida*. También, con seguridad, un sentimiento amargo que conectó trágicamente con su sordera padecida desde los últimos años del siglo XIX y que estalló con especial aspereza durante la invasión napoleónica.

Si en 1799 Goya concluyó *Los caprichos,* en los que se burlaba de los defectos de una sociedad que ya no le resultaba tan amable, en 1808 descubrió con horror un nuevo mundo, el de la Revolución francesa, que causaría en España la mayor catástrofe desde la época de las invasiones islámicas. La guerra contra Napoleón causó más muertos que la guerra civil española de 1936-1939 —en este caso sí que puede hablarse con exactitud de un millón de muertos— y, proporcionalmente, tuvo consecuencias materiales aún peores. No puede extrañar que la violencia y la destrucción desencadenadas por Francia en el territorio español causaran obras de Goya como *Los desastres de la guerra* o *Fatales consecuencias de la sangrienta guerra en España con Buonaparte y otros caprichos enfáticos* (1810).

Se ha llegado a afirmar que Goya fue un afrancesado, pero no es posible encontrar en su obra el menor vestigio de simpatía por los invasores. No sólo eso. En 1814, el mismo año de la conclusión de la guerra, pintó *El 2 de mayo de 1808 en Madrid: la lucha con los mamelucos* y *El 3 de mayo de 1808 en Madrid: los fusilamientos en la montaña del Príncipe Pío*. Ambas obras resultan claramente significativas. Puesto a mostrar la guerra en grandes óleos, lo hizo con los franceses fusilando a civiles indefensos y utilizando a los musulmanes traídos de Egipto para reprimir a los madrileños. Toda una declaración de principios que suele olvidarse y que indica hasta qué punto el pintor lamentaba el final de un mundo que ya no podía regresar, un mundo destruido por la Francia nacida de la revolución. De hecho, no deja de ser también relevante que las célebres *Pinturas negras* comenzaran a ser realizadas no durante el primer absolutismo, sino precisamente al llegar los liberales al poder. *Saturno devorando a un hijo* (c. 1821-1823) o *Aquelarre, el gran cabrón* (1821-1823) son muestras de un pesimismo pesado y, a la vez, extraordinariamente genial que preludia movimientos pictóricos posteriores como el expresionismo. Sin embargo, si fue escéptico ante el gobierno de los liberales, no puede decirse que se entusiasmara con la restauración del absolutismo. Por el contrario, en 1824, con Fernando VII persiguiendo sañudamente a los liberales, Goya decidió exiliarse a Francia.

En Burdeos, el genial sordo no sólo comenzó a trabajar con la técnica entonces nueva de la litografía, sino que se anticipó al impresionismo con su pintura de *La lechera de Burdeos*. Fernando VII deseaba su regreso y, de hecho, en 1826, Goya realizó una breve visita a Madrid.

Pero aquella España le resultaba sofocante y decidió regresar a Burdeos. Allí murió el 16 de abril de 1828. Tras de sí no quedaba escuela, en parte, porque para muchos pintores era un personaje de una época ya más que pasada. Sin embargo, no puede negarse su carácter de precursor y, en buena medida, debe aceptarse que Goya fue un pintor del siglo XVIII que se adelantó a no pocos de los grandes movimientos del siglo XIX e incluso del XX.

CAPÍTULO TRIGÉSIMO SÉPTIMO
Simón Bolívar

Ya en su época, Bolívar fue venerado y aborrecido como pocos seres humanos lo han sido. Si para unos era el Libertador, para otros no pasaba de ser un traidor a su patria. La realidad era que formaba parte de un proyecto de asalto al poder que triunfaría en el cometido de lograr la independencia y fracasaría en cuanto a crear un proyecto político viable. Las consecuencias de ese fracaso se extienden de manera trágica hasta el día de hoy.

Nacido en Caracas el 24 de julio de 1783, como no pocos revolucionarios a lo largo de la Historia, Simón pertenecía a una familia acomodada. En este caso, se trataba de ricos criollos, los Bolívar y Ponte-Palacios y Blanco. Tras estudiar con maestros como Andrés Bello y Simón Rodríguez, entró en el ejército y con el grado de subteniente viajó a Madrid, donde residían sus tíos maternos. La estancia de Bolívar en España fue breve, aunque sirvió para que contrajera matrimonio con María Teresa del Toro y Alayza.

Ya de regreso en Caracas, se produjo el fallecimiento de la mujer a los ocho meses escasos de matrimonio y

Bolívar regresó a España. Durante los años siguientes, recorrió esta nación así como Francia e Italia, y se puso en contacto con círculos independentistas. Éstos no pudieron pasar de la declaración de intenciones hasta que en 1809 Francia decidió financiar al argentino José de San Martín en un plan de desestabilización del imperio colonial español. A ello se uniría algún tiempo después como factor esencial la creación de una organización masónica conocida como la Logia Lautaro. Los miembros de la misma se comprometían a sublevarse contra España; a repartirse, dentro del más estricto secreto, todos los cargos políticos y administrativos y a controlar la opinión pública. La Logia Lautaro acabaría, a largo plazo, obteniendo sus objetivos, pero, de momento, en julio de 1812, el venezolano Francisco de Miranda aceptó su derrota ante las autoridades españolas.

Semejante revés no desanimó a Bolívar, que ese mismo año publicó el *Manifiesto de Cartagena* y la *Memoria a los ciudadanos de Nueva Granada*, en la que señalaba que las causas del fracaso independentista habían sido la adopción del sistema tolerante, la disipación de las rentas públicas y el sistema federal. Bolívar demostró durante los años siguientes una no escasa capacidad militar, aunque los realistas, capitaneados por el famoso Boves, no se dejaron doblegar. En 1814, los independentistas eran derrotados y sus interminables disensiones políticas llevaron a Bolívar a renunciar y marcharse a Jamaica. Su famosa *Carta de Jamaica* (6 de septiembre de 1815) contenía, de hecho, referencias al futuro de Hispanoamérica que se cumplirían trágicamente.

Hasta 1817, Bolívar protagonizó nuevos intentos independentistas que resultaron fallidos. Sólo la batalla de San Félix —ganada por el general Manuel Carlos Piar el 11 de abril de ese año y que puso a disposición de los independentistas los recursos de Guayana y el río Orinoco— permitió el regreso de Bolívar y la articulación de un gobierno.

En 1819, fue elegido presidente de Venezuela y pronunció poco después el *Discurso de Angostura,* un texto enormemente interesante en el que se pronunciaba a favor de un gobierno autoritario —con senado hereditario incluido— y centralista aunque con ropajes democráticos. En diciembre de ese mismo año, tras la campaña de los Andes, creó la República de Colombia, con los departamentos de Venezuela, Cundinamarca y Quito. Los avances no eran escasos, pero aún resultaban precarios. De hecho, su consolidación se produciría cuando en enero de 1820 Rafael de Riego, un hermano masón, se pronunció en España contra Fernando VII, impidiendo que llegaran nuevas tropas a Hispanoamérica. Privadas de refuerzos, las tropas españolas fueron derrotadas en Carabobo en junio de 1821 y quedó asegurada la independencia de Venezuela.

Durante los años siguientes —que coincidieron con un control prácticamente total de la masonería sobre la política española—, Bolívar llegó a un acuerdo con el insurgente argentino San Martín que permitió extender la rebelión hacia el sur y lograr victorias como las de Pichincha (24 de mayo de 1822), Bomboná (7 de abril de 1824) y Junín (6 de agosto de 1824), estas dos últimas libradas por el propio Bolívar. En diciembre de 1824, la batalla de Ayacucho zanjó la guerra con el triunfo de los independentistas. Sin embargo, construir resultó mucho más difícil que aniquilar. No sólo era que la América hispana quedaba fragmentada en distintas naciones —y aún se dividiría más—, sino que, por añadidura, los emancipadores no tardaron en crear formas de gobierno no democráticas.

El 27 de agosto de 1828, el propio Bolívar —que había decidido asentarse en Colombia— dictó el Decreto Orgánico de la Dictadura. El 8 de noviembre de ese mismo año promulgó además un decreto por el que se prohibían las sociedades secretas, lo que significaba un ataque directo contra la masonería que tan importante papel había tenido en la causa independentista, pero cuyo poder subversivo ahora temía. La respuesta no se hizo esperar. Dos semanas después, Bolívar fue objeto de un atentado. Se salvó gracias a la intervención de su amante Manuela Sáenz, pero, a partir de ese momento, no se recuperó.

En abril de 1830, presentó su renuncia ante el último Congreso de Colombia. El 1 de diciembre se hallaba en Santa Marta con la intención de trasladarse a la quinta San Pedro Alejandrino. Allí, acompañado por muy pocos amigos, murió el 17 de diciembre. Pasarían doce años antes de que sus restos fueran trasladados a Caracas. A esas alturas, resultaba innegable que la causa de la independencia era irreversible, pero que poco más se iba a cumplir de los deseos del denominado Libertador.

La Logia Lautaro y la emancipación de Hispanoamérica

San Martín, O'Higgins, Bolívar, Brown, Pedro I del Brasil... todos ellos pertenecieron a la Logia Lautaro, una organización masónica fundada con la intención de impulsar la independencia de la América hispana. Sus constituciones ponen de manifiesto un auténtico plan para conseguir, primero, y monopolizar, después, el poder en la nueva sociedad. Así, en la constitución 5 se dice que «no podrá ser admitido ningún español ni extranjero, ni más eclesiástico que uno solo, aquel que se considere de más importancia por su influjo y relaciones», o —todavía más importante— que, de acuerdo con la constitución 11, los hermanos de la logia adoptarán el compromiso de que «no podrá dar empleo alguno principal y de influjo en el Estado, ni en la capital, ni fuera de ella, sin acuerdo de la Logia, entendiéndose por tales los enviados interiores y exteriores, gobernadores de provincias, generales en jefe de los ejércitos, miembros de los tribunales de justicia superiores, primeros empleados eclesiásticos, jefes de los regimientos de línea y cuerpos de milicias y otros de esta clase». Aún más impresionante es que la 13 indique: «Partiendo del principio de que la logia, para consultar los primeros empleos, ha de pesar y estimar la opinión pública, los hermanos, como que estén próximos a ocuparlos, deberán trabajar en adquirirla.» Ese cuidado por la opinión pública debía incluir, por ejemplo, apoyar en toda ocasión a los hermanos de la logia pero con discreción. Su peso fue tan importante que no resulta extraño que Bolívar decidiera colocar a la masonería fuera de la ley al final de su vida. No lo conseguiría, y la sociedad secreta marcaría en buena medida el trágico desarrollo político del subcontinente.

CAPÍTULO TRIGÉSIMO OCTAVO
Mariana Pineda

Granadina de ojos muy azules y piel blanca, Mariana Pineda fue ejecutada el 26 de mayo de 1831 por participar en una conspiración liberal contra Fernando VII. En los años posteriores, se convertiría en paradigma de los liberales, de los republicanos, de las izquierdas e incluso de los andalucistas. La verdad es que su desgracia vino, por una de esas ironías de la Historia, no de una ideología que, posiblemente, no tenía, sino de no saber bordar. Como tantos antes y después, resultó una víctima inocente de la acción de los demagogos.

El 1 de septiembre de 1804 venía al mundo en Granada Mariana Pineda. Su padre, Mariano de Pineda, era un capitán de navío retirado. Casado tiempo atrás, había decidido abandonar a la familia para irse con una joven treinta años menor —María Dolores Muñoz—, con la que tendría a Mariana. La pareja duró poco. María se marchó con otro hombre y Mariana quedó bajo la custodia de su padre, primero, y de su tío José después de la muerte de su progenitor. La muchacha era muy bella, y en cuanto a costumbres debió de salir al temperamento de su madre.

A los catorce años conoció a un militar llamado Manuel de Peralta, del que se enamoró con locura. Se casó embarazada en 1819 y dos años después quedó viuda. Se ha supuesto que el difunto la había contagiado de liberalismo, pero el extremo no está del todo confirmado. Lo que sí sabemos es que durante los años siguientes la viuda se convirtió en la sensación de las fiestas celebradas en Granada. De ella se enamoró —sin resultados— el marqués de Salamanca y ella a su vez lo hizo de Casimiro Brodett, una relación que se frustró por causas no esclarecidas. En 1828, el comandante Fernando Álvarez de Sotomayor, un primo de Mariana, fue condenado a muerte por colaborar en un golpe contra Fernando VII. Mariana se las arregló para ir pasando a la celda de su primo un hábito franciscano y unas barbas postizas, disfraz que permitió escaparse a Álvarez de Sotomayor. Todo el mundo quedó convencido de que Mariana era la artífice de la fuga, aunque Pedrosa, el alcalde del crimen de la Chancillería, no logró encarcelarla.

Por esa época, Mariana había conocido a Manuel Peña y Aguayo, un personaje que tiempo después sería ministro de Isabel II y que, a la sazón, se dedicaba a intervenir en conspiraciones al tiempo que la dejaba encinta de una niña a la que sólo reconoció en su testamento. En una de estas ocasiones, Manuel Peña recibió el encargo de elaborar un estandarte con el lema Libertad, Igualdad y Ley. La bandera, en tafetán morado y con un triángulo verde, era masónica. No se trataba, por lo tanto, de una bandera nacional y todavía menos de una andalucista como, disparatadamente, se ha llegado a afirmar en los últimos años. Manuel Peña, que no se caracterizó nunca por su valor, pasó la tarea a Mariana. El hecho tendría fatales consecuencias. Porque el caso es que Mariana no sabía bordar —demasiado ocupada había estado con amoríos y fiestas como para cultivar esa destreza— y, a su vez, pasó el cometido a dos de sus criadas. Se dio la circunstancia de que una de estas criadas mantenía relaciones con un clérigo hijo de un absolutista llamado Julián Herrera. El clérigo indicó a su padre que debía ser prudente porque la revolución estaba cerca. De manera nada sorprendente, Herrera se apresuró a denunciar el delito.

Esta vez, Pedrosa estaba dispuesto a cobrar su presa y esperó a que devolvieran el bordado a la casa de Mariana para proceder a la detención. Pedrosa —que para colmo se sentía atraído hacia Mariana— hubiera estado dispuesto a dejarla en libertad a cambio de que delatara a sus conocidos. Pero la viuda lo rechazó —en todos los sentidos— con profundo desprecio. Decidido a salirse con la suya, Pedrosa informó al fiscal Andrés Oller, un conocido liberal granadino, de que perdería el puesto si no pedía la pena de muerte para Mariana. Oller no fue tan resistente a las presiones como la viuda que, al fin y a la postre, fue condenada.

La sentencia fue siguiendo los distintos trámites administrativos hasta llegar a Fernando VII, que la confirmó. Pedrosa volvió a intentar que Mariana delatara a los conspiradores con el cadalso como telón de fondo. Fue en vano. La víspera de su ejecución el 26 de mayo de 1831, Mariana redactó testamento y una carta en la que explicaba a sus hijos que moría por la libertad y la patria. En realidad, el historiador imparcial añadiría que la firmeza en no querer proporcionar información, la cobardía de sus compañeros —empezando por su amante— y el no saber bordar también habían tenido un papel trágico en el camino que la había llevado al cadalso.

El eterno femenino

Antes de acostarse su última noche, se comunicó a Mariana Pineda que debían cambiarle el vestido por si ocultaba algún veneno y quitarle las ligas por si intentaba ahorcarse con ellas. Mariana aceptó que le dieran otro vestido a condición de que, tras su muerte, lo picaran con unas tijeras para evitar que la despojaran de él y la dejaran desnuda. Las ligas eran otro cantar. No transigió. «Eso no —dijo—. Jamás consentiré en ir al patíbulo con las medias caídas.»

La era victoriana

El ocaso del imperio colonial español se produjo en claro paralelo con la expansión británica. Para colmo, mientras España se desgarraba en enfrentamientos entre carlistas y liberales, entre foralistas y partidarios de la modernización del Estado, Gran Bretaña se acercaba a la era victoriana, uno de los períodos más brillantes de su historia en el curso del cual se convertiría en la primera potencia del orbe. La Biblia y la libertad de comercio, la educación y la búsqueda de la excelencia, el esfuerzo personal y el afán viajero, la frugalidad y el ahorro se conjugaron para proporcionar a la pequeña isla sus horas de mayor esplendor. Como ejemplos de lo que fue esa época he escogido a la reina Victoria que le dio nombre y a uno de sus exploradores más extraordinarios, el doctor Livingstone.

CAPÍTULO TRIGÉSIMO NOVENO
La reina Victoria

Fue el símbolo vivo del nacionalismo británico y, según algunos, de una moral represora y estricta. Sin embargo, lo cierto es que con ella se produjeron el gran ascenso de las clases medias, el avance de los más desfavorecidos y el mayor despliegue exploratorio que había conocido Gran Bretaña. Su simple nombre proporcionaría su denominación a toda una época.

En teoría nunca debería haberse sentado en el trono de Inglaterra. Alejandrina Victoria —que había nacido en el palacio de Kensington, en Londres, el 24 de mayo de 1819— era hija de Victoria María Luisa, hija del duque de Sajonia-Coburgo-Saafeld, y de Eduardo Augusto, duque de Kent, nada menos que cuarto hijo de Jorge III y hermano menor de Jorge IV y Guillermo IV. Sin embargo, Guillermo IV no tuvo descendencia y, al fallecer el 20 de junio de 1837, dejó a Victoria como heredera directa. Fue coronada con tan sólo dieciocho años. Hubiérase pensado que semejante sucesión de acontecimientos tendría que haber alterado a la joven Victoria. La realidad es que no dejó de ser un personaje de carne y hueso con pulsiones muy semejantes a otras chicas de su edad. De hecho, cuando en 1840, se casó con su primo carnal, Alberto de Sajonia-Coburgo-Gotha, también se enamoró y se dedicó en los años siguientes al cuidado de una vida familiar que entre otros frutos le dio nueve hijos a los que atendía con acentuado celo.

Si intensa resultó su vida doméstica, desde luego, no menos ocupada fue la política. Durante sus primeros años como reina, el mentor político de Victoria fue lord Melbourne, el jefe del partido liberal, que le inculcó la necesidad de que el rey fuera plenamente constitucional y reinara sin gobernar. Victoria aceptó sin problemas esa visión, pero comenzó a modificarla a partir de 1841 cuando los liberales fueron derrotados y sustituidos por los conservadores. Bajo la influencia de su esposo y de Robert Peel, la reina comenzó a plantearse la posibilidad de intervenir siquiera en las decisiones que afectaran a la política exterior. Se trataba de un planteamiento que no preocupaba a los conservadores, pero que la llevó a chocar con los liberales.

En 1850, Victoria tuvo claras diferencias con lord Palmerston, ministro de Asuntos Exteriores, por su empeño en discutir la política internacional británica. La crisis se zanjó con la destitución de Palmerston, pero la popularidad de que gozaba la familia real se vio muy dañada, ya que era sentimiento extendido que Victoria se estaba excediendo en sus funciones. Un nuevo golpe recibió la estima de que disfrutaba la reina cuando manifestó su oposición a la guerra de Crimea en 1854. Victoria no veía la razón para intervenir en un frente lejano en el que, en apariencia, los británicos no iban a ganar nada salvo dolor y muerte. Sin embargo, el conflicto era popular por su mezcla de idealismo y de sentido práctico y, al fin y a la postre, Victoria tuvo que otorgarle su respaldo. Incluso en 1856 instituyó la Cruz Victoria como condecoración máxima en tiempo de guerra.

Al año siguiente tuvo lugar un hecho que marcaría a fuego la vida de Victoria. Nos referimos a la muerte de su marido, Alberto, en 1861. El golpe emocional llevó a temer por la salud mental de la reina, ya que Victoria se encerró en sí misma y permitió que el príncipe de Gales asumiera los deberes protocolarios. A pesar de todo, no puede decirse que Victoria se desentendiera de lo que sucedía. De hecho, superó la crisis y comenzó la etapa más floreciente de su reinado.

Durante esos años, Victoria tuvo que nombrar distintos gabinetes de carácter liberal y conservador presididos por Gladstone y Disraeli. De manera bien significativa, ambos eran piadosos protestantes, pero sus políticas diferían notablemente. Victoria aborrecía al liberal Gladstone que legalizó los sindicatos, que no deseaba intervenciones en el exterior —a esa política se debió, por ejemplo, la muerte en soledad de Gordon enfrentándose con el Mahdí en Jartum—, y que estaba dispuesto a conceder la autonomía o Home Rule a Irlanda. Por el contrario, sentía una verdadera veneración por el conservador Benjamín Disraeli, un judío converso que la coronó emperatriz de la India en 1876 —un gesto al que ella respondió nombrándole conde de Beaconsfield— y que representó con creces el espíritu de la época.

De manera bien significativa, la popularidad de Victoria fue aumentando con el paso de los años en paralelo con la subida del nivel de vida de los británicos. No resulta por ello sorprendente que las celebraciones de su quincuagésimo (1887) y sexagésimo aniversario (1897) constituyeran verdaderas explosiones de respaldo popular. A esas alturas, Victoria era una convencida de los beneficios que la Pax Británica podía aportar al mundo. Resuelta a no repetir errores como los que se dieron a inicios de su reinado en relación con el conflicto de Crimea, apoyó sin paliativos la guerra contra los bóers (1899-1902), que concluyó con un claro triunfo y el asentamiento de los británicos en África del Sur.

Cuando Victoria exhaló su último aliento el 22 de enero de 1901, concluyó un reinado que se había dilatado más de seis décadas, y Gran Bretaña se había convertido en la primera potencia mundial. Aunque no pocos insistirían en hablar con desprecio de la edad victoriana y de supuestos prejuicios morales —¡como si éstos no existieran en todas las épocas y lugares!—, lo cierto es que había sido el período de mayor esplendor de la historia británica.

Los exploradores de la Reina

A pesar de que la era victoriana estuvo marcada por un fuerte nacionalismo, lo cierto es que nunca estuvo Gran Bretaña más abierta a otras culturas ni a conocer mejor el resto del orbe. Los nombres de exploradores victorianos son verdadera legión en este período histórico. Nos encontramos con Richard Burton, que no sólo tradujo al inglés el *Kama Sutra* y *Las mil y una noches,* sino que además intentó descubrir las fuentes del Nilo. O con Gordon, que estuvo al servicio del emperador de la China y pereció combatiendo en Jartum a los musulmanes. O con James Brooke, que se convertiría en el villano de las novelas de Sandokan. O con Livingstone, que, impulsado por el celo evangélico, recorrió África. La lista es larga y, salvo por el período español en América, verdaderamente insuperable.

El doctor Livingstone

David Livingstone vio la primera luz el 19 de marzo de 1813, en una población escocesa llamada Blantyre. Era el segundo hijo de una familia de piadosos protestantes que fue aumentando hasta reunir siete vástagos. Se apiñaban en un par de pequeñas habitaciones, pero las estrecheces no parece que impulsaran a ninguno de los Livingstone hacia el resentimiento social. Por el contrario, su fe les proporcionó una sólida estructura espiritual no sólo para enfrentarse a las dificultades de la vida, sino también para intentar progresar en medio de las mismas. David, por ejemplo, se colocó a trabajar a los diez años en una fábrica de algodón. A pesar de trabajar catorce horas diarias, estudió en la escuela nocturna y cuando llegó a los diecisiete años ingresó en la escuela de medicina de Glasgow.

Tres años después, David experimentó una conversión —un momento decisivo de su vida— que le llevó a ingresar en una iglesia evangélica independiente. En 1840, Livingstone concluyó sus estudios de medicina en Londres y se graduó con honores. Para aquel entonces, el joven escocés ya había decidido que su misión en la vida sería la de predicar el Evangelio a aquellos pueblos que no lo conocían. Así, en 1838 solicitó la admisión en la London Missionary Society. Su intención inicial era marchar a China, pero el estallido de la guerra del opio lo impidió. Entonces conoció a Robert Moffat, que había sido misionero en África y llegó a la conclusión de que Dios le estaba encaminando a ese continente. Asignado a Kuruman, estuvo allí sólo unos meses y en compañía de otra persona volvió a realizar otro periplo de unos mil trescientos kilómetros de extensión para ganarse la confianza de los habitantes de la zona. No le resultó difícil, porque a sus conocimientos de medicina sumaba una especial empatía hacia los nativos.

En febrero de 1842, emprendió otro viaje por el interior, esta vez solo. Hasta el mes de junio, Livingstone surcó la franja oriental del desierto de Kalahari, el valle de Bakhatla, las colinas de basalto que llevaban hasta el territorio de los bakaa, y llegó incluso hasta la zona donde se asentaban los makalaka. A su regreso, permaneció en Kuruman hasta el mes de febrero de 1843, ocupado en tareas como la predicación y la atención de enfermos. Se trató de una pausa breve seguida por un nuevo viaje hacia el interior, en el curso del cual descubrió el valle de Mabotsa, enclavado en el territorio de la tribu bakatia. Un grupo de leones asolaba la zona y Livingstone había oído decir que si se lograba matar a una de las fieras las otras optarían por abandonar el área, y decidió librar a la población del valle de aquella amenaza. Dar con los leones y rodearlos resultó relativamente fácil. Sin embargo, de manera inesperada, una de las fieras logró romper el cerco y se lanzó sobre el misionero. Livingstone le apuntó con su arma, hizo fuego sobre él y le hirió. En apariencia, nada podría haber sido más fácil. Sin embargo, cuando el escocés estaba cargando de nuevo su arma, la fiera herida se levantó del lugar donde había sido alcanzada, se lanzó sobre Livingstone y le destrozó el brazo izquierdo de una dentellada. Seguramente, hubiera causado la muerte del misionero de no ser porque vio que un nativo llamado Mebalwe le apuntaba con su fusil, se lanzó inmediatamente sobre él y le mordió en un muslo. Aún tendría tiempo la fiera de herir a otro hombre más antes de que la sangre perdida le hiciera caer exangüe.

Las secuelas de aquel enfrentamiento iban a durar toda la vida. El brazo izquierdo le quedaría prácticamente inútil y no podría evitar padecer agudos dolores cada vez que pretendiera levantarlo. Para recuperarse, Livingstone regresó a Kuruman. Para sorpresa suya, Mary, la hija de Moffat, se había convertido en una muchacha pletórica de atractivo. Dado que la atracción resultaba mutua, la pareja contrajo matrimonio en marzo de 1844; la ceremonia fue oficiada por el padre de la novia. Con esos antecedentes, quizá no debería extrañar que la luna de miel fuera un viaje de más de trescientos kilómetros a bordo de una carreta tirada por bueyes.

Durante los años siguientes, los Livingstone se convirtieron en una especie de robinsones que lo mismo podían fabricar pan que velas, jabón o mantequilla, a la vez que construían y evangelizaban. A pesar de la dureza de esta forma de vida, todo parece indicar que eran felices. Aun así, las dificultades se fueron sumando una tras otra.

En 1852, la esposa y los hijos de Livingstone tuvieron que regresar a África por razones de salud mientras él daba inicio a su famoso viaje a la costa occidental de África. La expedición, que concluyó en 1856, sirvió para cubrir a Livingstone de honores como la medalla de oro de la Real Sociedad Geográfica. Dos años después el doctor regresaba a África con su esposa y su hijo menor. La nueva expedición —que descubrió el lago Nyasa— se vio amargada por el fallecimiento el 27 de abril de 1862 de la mujer de Livingstone. El final del periplo, sin embargo, iba a derivar de otras razones.

Durante los años anteriores, Livingstone había combatido la esclavitud y sus denuncias públicas habían obligado incluso al rey de Portugal a prometer que cooperaría para acabar con aquella lacra. Sin embargo, la administración portuguesa comenzó a presionar a la británica para que obligara al escocés a abandonar África. Gran Bretaña, desde luego, no estaba dispuesta a que una alianza de siglos se viera oscurecida por la labor humanitaria de Livingstone y acabó ordenándole que regresara a la metrópoli. La excusa para esta orden fue que el gasto ocasionado por la expedición no se compensaba con los logros obtenidos. El 30 de abril de 1864, abandonó África.

En Gran Bretaña le esperaba una pésima noticia. Su hijo Robert, voluntario en el ejército de Lincoln para combatir la esclavitud, había caído en la batalla de Gettysburg. Cuando la Real Sociedad Geográfica le propuso financiar una nueva expedición —el objetivo de este viaje debía ser el realizar nuevas averiguaciones acerca del tráfico de esclavos, así como intentar localizar las fuentes del

Zambezi, el Congo y el Nilo—, el doctor no lo dudó y a finales de enero de 1866 se hallaba en Zanzíbar.

Durante los siguientes años, los descubrimientos iban a multiplicarse de forma ininterrumpida. En 1867 dio con el extremo sur del lago Tanganyka. En 1868 descubrió los lagos Moero y Bangweolo. En 1869 alcanzó Ujiji, un enclave situado cerca del lago Tanganyka que constituía un verdadero emporio del tráfico de marfil y de esclavos. Para esa fecha, Livingstone ya estaba muy enfermo y, para su desgracia, el equipo y el correo que le habían enviado le fueron arrebatados. En el curso de los dos años siguientes, Livingstone se entregó a la exploración del curso superior del río Congo. El 20 de julio de 1871, emprendió el viaje de regreso a Ujiji. No escasearon los incidentes peligrosos. En una ocasión logró esquivar una lanza arrojada contra su cabeza, aunque no pudo evitar que le hiriera en el cuello. En otra, un árbol se desplomó y estuvo a punto de aplastarlo.

Cuando el 22 de octubre llegó a la ciudad con tres acompañantes, Livingstone se hallaba en un pésimo estado. Llevaba los pies cubiertos de llagas y padecía disentería y fiebre. Además, los comerciantes árabes se habían apoderado de sus medicinas y correo. A los cuatro días de su llegada, Susi, uno de sus acompañantes, le anunció la llegada de «un inglés». No era otro que Henry Stanley. A la Historia pasaría el encuentro, cuando el norteamericano Stanley pronunció la conocida frase: «El doctor Livingstone, supongo.»

En marzo de 1872, ambos emprendieron de nuevo la marcha. Llegaron así hasta Unyamuembe. Allí iba a permanecer Livingstone a la espera de los hombres y suministros que Stanley le había prometido que le enviaría desde Zanzíbar. La espera se prolongó durante algunas semanas, pero acabó por verse recompensada. Durante el mes de agosto, la nueva expedición partió en dirección a los lagos Tanganyika y Bangweolo. Livingstone era un hombre físicamente deshecho y resulta casi increíble el que pudiera cruzar enormes extensiones de terreno inundado. Transportado en una litera, alcanzó el poblado de Chitambo.

A las cuatro de la mañana del 1 de mayo de 1873, los amigos de Livingstone oyeron un ruido extraño. Tras encender una luz, se encaminaron hacia la cabaña que habían levantado para que el doctor descansara en ella. Lo encontraron de rodillas, como si estuviera orando, pero al acercarse se percataron de que había muerto.

Los nativos iban a dispensarle la procesión funeral más dilatada de la Historia, tras enterrar su corazón bajo un árbol muy cerca del lugar donde había exhalado el último aliento. Primero, embalsamaron su cuerpo llenándolo de sal y dejándolo secar bajo los rayos del sol durante catorce días. A continuación, lo envolvieron en tela y, finalmente, lo depositaron en el tronco de un myonga, sobre el que cosieron una lona. El paquete fue atado a un palo para que pudiera ser llevado por dos porteadores. Así llegó a Zanzíbar tras un trayecto que duraría nueve meses y que cubriría más de mil quinientos kilómetros.

El 18 de abril de 1878, el cadáver de Livingstone recibió la mayor muestra de aprecio nacional al encontrar el último descanso en la abadía de Westminster. En el funeral estaban sus hijos, Robert Moffat y Henry Stanley. Posiblemente, fue éste el que pronunció en una sola frase el mejor tributo a lo que había sido la extraordinaria labor evangelizadora, humanitaria, social y aventurera de Livingstone: «Fui convertido por él, aunque él no había intentado hacerlo.»

«El doctor Livingstone, supongo»

El autor de la célebre frase fue, como es de todos sabido, Henry Stanley, un periodista al que el *New York Herald* había contratado para encontrar a Livingstone, ya que se rumoreaba que el misionero y explorador escocés se encontraba muerto hacía ya tiempo. La llegada de Stanley fue ciertamente providencial. Llevaba consigo no sólo víveres, sino también correo. Los dos exploradores pasaron juntos el invierno y Stanley trató una y otra vez de que Livingstone le acompañara en su viaje de regreso a Gran Bretaña. Pero fue inútil. Livingstone ya sólo regresaría convertido en cadáver.

La consolidación de las naciones

La segunda mitad del siglo. XIX se vio caracterizada por la aparición de los nuevos nacionalismos. Frente a las naciones cuya existencia había quedado consolidada durante la Edad Media —España, Francia, Inglaterra, Rusia...— se alzó la de otras que procedieron a su costosa reunificación —Alemania e Italia— o a impedir su disgregación, como Estados Unidos. En todos los casos se verificó el principio enunciado en el siglo XX por el teólogo evangélico Dietrich Bonhoeffer: «El nacionalismo siempre acaba llevando a una guerra.»

Como muestras de ese período hemos optado por tres personajes claramente representativos. El primero, Lincoln, contuvo el proyecto secesionista del nacionalismo sureño y consolidó la existencia de Estados Unidos; el segundo, Bismarck, logró una reunificación parcial de Alemania en torno al rey de Prusia; finalmente, el tercero, Garibaldi, contribuyó de manera decisiva a la unidad italiana. Mientras que la primera nación se convertiría con el paso del tiempo en la primera campeona de la democracia; las otras dos acabarían albergando a los dos regímenes fascistas, es decir, de socialismo nacionalista, más importantes del siglo XX.

La consolidación de las naciones

Abraham Lincoln

Un grito pronunciado en lengua latina: «Sic semper tyran-
nis» —así suceda siempre a los tiranos— rasgó la atmósfera
inquieta del teatro. El hombre que lo había lanzado acaba-
ba de saltar sobre el escenario procedente de uno de los pal-
cos y, al caer, se había roto un tobillo. Fue en ese momento
cuando algunos de los espectadores se percataron de que una
mujer pedía ayuda. Era la esposa del presidente Lincoln.
Acababan de disparar sobre la cabeza de su marido...

Nadie hubiera podido prever que aquel joven larguiru-
cho, torpe y tímido llamado Abraham Lincoln y nacido
el 12 de febrero de 1809 llegaría a nada. Él mismo indicaría —y no exageraba al afirmarlo— que pertenecía a
una «familia sin distinción alguna». Sus antepasados habían desembarcado en las costas americanas durante el siglo XVII. Buscaban libertad de conciencia ya que eran
cuáqueros, una denominación protestante de carácter pa-
cifista y antiesclavista. El padre de Lincoln, Thomas, se
afilió a una iglesia bautista donde estaba prohibida la es-

clavitud y reverenciaba el estudio de la Biblia, detalles ambos que afectarían notablemente la trayectoria personal de Abraham. No fue fácil, desde luego. Huérfano de madre a edad temprana, su primera educación la recibió en una escuelita rural que se hallaba a varios kilómetros de la casa y a la que podía acudir —andando, por supuesto— tan sólo cuando las tareas de la granja de su padre se lo permitían.

Durante años, la suerte del joven Abraham fue difícil. Granjero, viajante de géneros comerciales por el río, cartero, empleado de almacén, ayudante de topógrafo..., se dedicó a ésas y otras actividades y, en general, obtuvo de ellas escaso resultado salvo acumular deudas. Sin embargo, a pesar de su carácter melancólico, Lincoln no se dejó amilanar. Estaba convencido de la bondad de un sistema que permitía a la gente «la búsqueda de la felicidad» —como indica la Constitución americana— y decidió aplicar su esfuerzo a aprovechar esa oportunidad. En 1834, por ejemplo, fue elegido para el Congreso de su estado por unos votantes que lo consideraban fundamentalmente un hombre honrado. Tres años después, valiéndose de algunos libros de Derecho que le habían prestado, se graduó como abogado. Sus primeros tiempos en la profesión fueron difíciles, pero sirvieron para aumentar la estima y el respeto que sus paisanos le profesaban.

En 1846, tras disolver su bufete, se presentó a las elecciones al Congreso nacional y resultó elegido. Allí, se destacó por dos cuestiones especialmente delicadas, su oposición a la guerra con México y a la institución de la esclavitud. A esas alturas, la tensión sufrida por el modelo federal norteamericano era punto menos que insoportable. A pesar de que los estados sureños —aquellos en los que era legal la esclavitud— no representaban más allá de una tercera parte de la población, habían logrado en las últimas décadas retorcer el brazo a las instituciones para controlarlas. Obviamente, no podían contar con la mayoría en el Congreso, donde los escaños estaban asignados por el número de habitantes y tampoco les resultaba muy fácil controlar la presidencia. Sin embargo, en el Senado —una cámara de representación territorial donde todos los estados tenían el mismo número de escaños— habían impuesto una serie de acuerdos que mantenían en igualdad numérica el porcentaje de estados libres y esclavistas. De esa manera, la minoría nacionalista del sur finalmente marcaba la vida política de la nación y lo hacía de manera fundamental para mantener en pie una institución tan vergonzosa como la esclavitud. A pesar de que esa manipulación de las instituciones había funcionado a la perfección en las últimas décadas, los nacionalistas sureños eran conscientes de que no podría mantenerse perpetuamente, y a mediados del siglo XIX comenzaron a amenazar con la secesión si no podían seguir imponiendo sus puntos de vista sobre el conjunto de la nación.

¿Por qué la mayoría de la nación consintió aquella situación intolerable desde una perspectiva democrática y abominable desde una óptica moral? Las razones fueron varias y entre ellas se encontraba la división interna del partido demócrata, que era partidario de la esclavitud al menos en el sur; la debilidad del partido *whig*, el de

Lincoln, que acabó desapareciendo en la década de los cincuenta del siglo XIX, y la convicción de no pocos presidentes de que la mejor política para evitar la secesión era ceder ante los nacionalistas sureños. Sin embargo, el apaciguamiento no los integró en el sistema, sino que los convirtió en más atrevidos hasta el punto de alentar sus más ambiciosas apetencias.

En el año 1858, Lincoln se presentó al Senado en las filas de un partido de reciente creación, el republicano, en el que se pretendían conjugar el liberalismo económico, la insistencia en valores como el trabajo y el esfuerzo personal, y el énfasis en la unidad nacional frente a los nacionalistas. El rival de Lincoln era un político llamado Stephen Douglas, que defendía la denominada capacidad de «autogobierno» de los estados, en la que nadie —ni el presidente ni el Congreso— podía supuestamente intervenir. Lincoln no rechazaba los poderes propios de cada estado, pero consideraba que entre ellos no se encontraba ni el derecho de secesión (de autodeterminación, dirían hoy algunos) ni tampoco cuestiones de enorme carga moral como la esclavitud, que no podía asemejarse, según sus palabras, al «comercio de arándanos».

Lincoln perdió las elecciones al Senado, pero su figura alcanzó una repercusión nacional. De hecho, el partido republicano lo nominó candidato a la presidencia en 1860. Nuevamente, Lincoln se enfrentó con Douglas, candidato demócrata, con un mensaje centrado en la Declaración de Independencia y en la misma Biblia. Durante la campaña, Lincoln defendió la necesidad de un armazón ético para la democracia que excluyera, por ejemplo, la esclavitud, una institución que chocaba con el principio bíblico de que todos los hombres habían sido creados a imagen y semejanza de Dios. Como señaló muy lúcidamente, la división causada por los nacionalistas sureños, de no ser corregida, podía acabar con la nación. Douglas, por el contrario, insistió en el derecho de autogobierno de los estados por encima de otras consideraciones. La victoria de Lincoln —salvo en el sur— fue aplastante, ya que logró 189 compromisarios frente a los 12 de Douglas, pero la reacción inmediata de los nacionalistas sureños fue amenazarlo de muerte, declararse independientes y constituirse en una confederación.

La guerra había estallado y el plan esclavista era sencillo. Un conflicto largo sólo podía concluir con la victoria de la Unión, de manera que su táctica era ocasionar el mayor daño militar a las tropas unionistas a fin de que la opinión pública pidiera una salida pactada de la guerra —lo que equivaldría a aceptar la independencia del sur— y alguna potencia extranjera, presumiblemente Gran Bretaña, Francia o la Santa Sede, acabara reconociendo diplomáticamente la Confederación. Si los soldados sureños resistían bien en el campo de batalla y, a la vez, cuarteaban la moral del norte recurriendo a argumentos como el derecho de autogobierno o la necesidad de evitar el derramamiento de sangre, la Confederación podía salirse con la suya.

Lincoln captó inmediatamente esa estrategia, así como el hecho de que uno de los mayores peligros sería el de unos periodistas, intelectuales y manifestantes —no pocas veces sólidamente subvencionados por los nacionalistas sureños—, que agitarían a la opinión pública para llegar a una paz que destruiría la nación. Sin embargo, también era consciente de que si la Unión perdía la guerra no sólo la nación quedaría aniquilada y la esclavitud se perpetuaría, sino que además la democracia —a la sazón, una forma de gobierno existente tan sólo en Estados Unidos— no podría sobrevivir. A decir verdad, no puede decirse que existiera una alternativa sensata al enfrentamiento con los nacionalistas sureños.

Durante los dos primeros años de guerra, la Unión —que contaba con peores mandos militares que la Confederación— no dejó de cosechar derrotas con un coste de vidas realmente espeluznante. Con todo, Lincoln supo mantener su posición contra viento y marea. Entonces, en julio de 1863, se produjo un cambio. El ejército confederado del general Lee fue derrotado en Gettysburg, las tropas unionistas de Grant se adentraron audazmente en territorio sureño y tomaron Vicksburg. Así, la Unión se colocaba a un paso de partir en dos la Confederación y aniquilar su infraestructura logística. En ese año se desvanecieron también las posibilidades de que alguna potencia extranjera reconociera a los estados del sur, aunque éstos siguieron utilizando el engañoso argumento de una paz pactada a fin de remontar lo que era ya un declive generalizado en el campo de batalla.

En 1864, con la marcha hacia el mar del general Sherman, la guerra estaba prácticamente decidida, y el 8 de noviembre Lincoln fue reelegido presidente con una amplia mayoría precisamente frente a los políticos partidarios de llegar a un acuerdo con el sur. En el discurso de su segunda toma de posesión, insistiría en tender la mano a los vencidos «con malicia hacia nadie, con caridad hacia todos» y siguiendo la voluntad de Dios.

A esas alturas, los servicios de espionaje del sur habían concebido un arriesgado plan consistente en matar a Lincoln para quebrar la Unión o al menos secuestrarle para canjear su libertad por el final pactado de la guerra. Con esa finalidad llegó a Washington en abril de 1865 un actor y espía sureño llamado John Wilkes Booth. Sin embargo, en contra de lo esperado, la guerra concluyó antes de que se pudiera llevar a cabo el secuestro. Booth podría haber regresado entonces al sur, pero decidió asesinar a Lincoln para vengar la derrota de la Confederación. Perpetró su crimen el 14 de abril de 1865 en el teatro Ford de Washington, donde se representaba *Nuestro primo americano* de Laura Keene.

La pérdida resultó ciertamente irreparable pero, en contra de lo ambicionado por los nacionalistas sureños, la unidad nacional se había salvado y, gracias a ella, como había señalado Lincoln en su discurso de Gettysburg, «el gobierno del pueblo, por el pueblo y para el pueblo» no había «desaparecido de la faz de la Tierra».

Una vida sustentada en la Biblia

En buena medida, la vida de Lincoln fue una encarnación de los valores propios de los puritanos que sentaron los cimientos de Estados Unidos de América durante los siglos XVII y XVIII. A virtudes como una enorme capacidad de trabajo o un deseo de mejorar la situación personal mediante el esfuerzo y el estudio se sumaban una gran resistencia a la adversidad, una fidelidad inquebrantable hacia las convicciones y una cosmovisión sustentada en la Biblia. La existencia de Lincoln no fue, desde luego, fácil. Huérfano de madre a temprana edad, trabajador en tareas difíciles desde los ocho años, tímido y depresivo, golpes ulteriores como el deterioro mental de su esposa, la muerte de dos de sus hijos —uno falleció en 1850 y otro durante la guerra— o el acoso incansable de sus adversarios podrían haber acabado con él. Sucedió todo lo contrario. Tras llegar a la presidencia proclamando principios bíblicos elementales, a lo largo de la guerra buscó no que «Dios esté de nuestra parte, sino que nosotros estemos de parte de Dios», y encontró un consuelo inestimable en la oración. Baste decir al respecto que la firma del decreto de emancipación de los esclavos el 22 de septiembre de 1862 fue fruto de una promesa que había formulado al Altísimo si libraba a la Unión de unas de las peores ofensivas de la guerra. Cinco días después de tener lugar la victoria de Antietam, Lincoln firmó el documento a pesar de la oposición de buena parte de su gabinete. De la misma manera, en su famoso discurso de Gettysburg, Lincoln subrayó la necesidad de que la democracia se produjera en el seno de «una nación bajo Dios». Enfrentado con una guerra provocada por los nacionalistas sureños y que se saldó con un millón de muertos, fue precisamente ese impulso el que llevó a Lincoln a visitar un hospital de prisioneros confederados para estrecharles la mano no como a enemigos, sino como a americanos, o a insistir en una «política de mano tendida» para la posguerra que excluyera la cárcel, la horca o el fusilamiento de los vencidos. Esa magnanimidad explica sobradamente el porqué de la popularidad de Lincoln en Estados Unidos, así como su consideración de verdadero padre de la nación.

Otto von Bismarck

Reunificó Alemania, promulgó las primeras leyes sociales y garantizó la paz en Europa para varias décadas. Sin embargo, su memoria quedaría marcada para siempre por la acusación de imperialista. Su desaparición, no obstante, fue la que acabó provocando la primera guerra mundial.

La entrada de Bismarck a la política se produjo cuando ya había cruzado de sobra el umbral de la madurez. Nacido en Schönhausen, al noroeste de Berlín, el 1 de abril de 1815, estudió leyes con la intención de servir en el aparato del Estado. Así lo hizo inicialmente, pero no duró en esa ocupación más de un año. Tras abandonar las tareas públicas, se dedicó a administrar los bienes, fundamentalmente rústicos, de su familia. Esta labor, que lo ocuparía más de una década, tendría un peso determinante sobre su vida. El contacto directo con los trabajadores, la necesidad de realizar una gestión adecuada y las previsiones económicas le proporcionaron una experiencia que resultaría esencial.

En 1847, Bismarck entró en política empujado por el temor a la revolución que se oteaba en el horizonte. Hasta qué punto las circunstancias apuntaban en esa dirección puede juzgarse por el hecho de que Marx pensó —y se equivocó, como en tantas de sus predicciones— que en 1848 tendría lugar la revolución que permitiría implantar el socialismo. Bismarck aconsejó al rey Federico Guillermo IV que aplastara la revuelta sin contemplaciones. Su consejo no fue tenido en cuenta, pero el monarca quedó impresionado por aquel recién llegado al mundo de la política.

En 1851, Bismarck fue designado representante de Prusia en la Confederación Germánica, una liga formada por 39 estados alemanes. Durante los años siguientes, Bismarck fue embajador en Rusia y Francia, dos destinos de los que también obtendría conocimientos que luego resultarían de enorme utilidad.

En 1862, el Parlamento prusiano se enfrentó con una crisis relacionada con la ampliación del ejército. La mayoría liberal estaba dispuesta a votar los fondos necesarios para llevarla a cabo, pero sólo a condición de que el servicio militar se redujera de tres a dos años. Semejante concesión resultaba inaceptable para el rey Guillermo I, que consideraba que el nuevo período de entrenamiento podría resultar insuficiente. Para salir de la situación, optó por nombrar primer ministro a Bismarck. La manera en que éste remontó la crisis fue verdaderamente notable. Alegando que la Constitución no disponía nada en caso de que las negociaciones entre la corona y el Parlamento llegaran a un punto muerto, procedió a prorrogar el presupuesto de 1861. Semejante medida le permitió, al fin y a la postre, recaudar el suficiente dinero como para ampliar el ejército. La audacia de Bismarck fue bien recibida por la opinión pública e incluso provocó una verdadera corriente de entusiasmo cuando, aliado con Austria, ese ejército ampliado en 1864 fue utilizado para arrebatar a Dinamarca los ducados de Schleswig y Holstein. Ése fue el inicio de la política reunificadora de Bismarck.

En 1866, la disputa entre Austria y Prusia por los citados ducados desembocó en una nueva guerra. El ejército prusiano la resolvió brillantemente en siete semanas permitiendo la anexión no sólo de los ducados daneses, sino también de Hannover y otros territorios. Aprovechando el éxito, Bismarck reunió a todos los estados del norte y del centro de Alemania en la Confederación de Alemania del Norte que, a pesar de su nombre, se hallaba bajo control prusiano. El éxito interior no fue menor ya que el Parlamento prusiano sancionó con carácter retroactivo sus medidas financieras de unos años atrás y, sobre todo, en la mente de millones de prusianos quedó impreso que la reunificación de la Alemania desmembrada en 1648 podía convertirse en realidad. No se equivocaron.

En 1870, la Francia de Napoleón III —que Bismarck conocía tan bien de su época de embajador— provocó una estúpida guerra contra Prusia. Una vez más, la victoria prusiana resultó fulminante. Mientras en Francia caía el imperio y París se veía sometido a las terribles atrocidades de la Comuna, Bismarck procedió a crear el II Reich y a lograr que los estados alemanes, incluidos los del sur, reconocieran al rey de Prusia como emperador.

La victoria sobre Francia significó el final de la acción de Bismarck para reunificar Alemania y el inicio de una fase de su actividad destinada a fortalecer el imperio. En el interior, Bismarck contemplaba tres enemigos principales: los liberales, partidarios de controlar el poder regio; los católicos, opuestos históricamente a un monarca protestante, y los socialistas, partidarios de desencadenar la revolución. Las leyes sociales de Bismarck —que cubrían los seguros por enfermedad y accidentes y la jubilación—, combinadas con la entrega de algunos puestos, desactivaron la estrategia del partido socialista para más de cuatro décadas. Diferente fue el resultado con los católicos. Aunque Bismarck puso en marcha una verdadera batalla contra su influencia —la denominada *kulturkampf*—, finalmente acabó aliándose contra ellos para vencer a los liberales, un resultado que obtuvo al convencer a la nación de que carecían del patriotismo indispensable.

La paz social derivada de esa política repercutió de manera extraordinaria en la economía alemana, que durante las décadas siguientes creció de manera espectacular, amenazando la supremacía británica. En política exterior, Bismarck adoptó una estrategia extraordinariamente inteligente centrada especialmente en la alianza con Rusia. Las buenas relaciones con el zar permitirían a Alemania alejar la posibilidad de una guerra con Austria o con Francia, su enemigo histórico. El sistema, desde luego, funcionó garantizando que no se produjera una guerra entre potencias en Europa durante más de cuatro décadas. Paradójicamente, la caída de Bismarck vino motivada por ese éxito. Guillermo II, el káiser, no apreciaba la prudente política internacional del Canciller de Hierro ni tampoco el desdén que sentía por los socialistas. En 1890, lo destituyó.

Bismarck se retiró a sus posesiones cerca de Hamburgo, donde murió en 1898. Menos de dos décadas después, Guillermo II perdía una guerra que se hubiera evitado de continuar el sistema de alianzas bismarckiano y huía de Alemania ante la revolución socialista. Si alguien se había equivocado en sus previsiones, no había sido precisamente el Canciller de Hierro.

La corona española y el telegrama de Ems

De manera bien significativa, la guerra francoprusiana tuvo sus raíces en España. En 1868, fue derribada Isabel II y las cortes españolas emprendieron la búsqueda de un nuevo monarca. Uno de los candidatos más relevantes era Leopoldo, príncipe de Hohenzollern-Sigmaringen, pero Francia se opuso frontalmente ante la perspectiva de verse cercada como había sucedido en la época de Carlos V. El embajador francés destinado en Berlín, el conde Vincent Benedetti, fue enviado a Ems, un balneario situado en el noroeste de Alemania en el que se encontraba Guillermo I de Prusia para anunciarle que si no ordenaba al príncipe Leopoldo que retirara su candidatura, Francia le declararía la guerra. Guillermo I cedió, pero Francia decidió humillar a Prusia exigiéndole que presentara disculpas. Esta vez, Guillermo rechazó las peticiones francesas y Bismarck obtuvo la autorización del monarca para publicar el contenido del comunicado, conocido como el «telegrama de Ems», que contenía las exigencias de Francia. El resultado fue que la población de Prusia apoyó enfervorizada la guerra.

Garibaldi

Nacionalista, liberal, socialista, masón, revolucionario... Garibaldi lo fue casi todo en casi todas partes. Quizá esa circunstancia explica que se convirtiera en un mito agradable de admirar y peligroso para convivir que las ideologías más diversas intentaron apropiarse.

Cuando Giuseppe Garibaldi vio la primera luz en Niza el 4 de julio de 1807, Napoleón dominaba el continente europeo y todo llevaba a pensar que su dominio se mantendría indefinidamente. Sin embargo, a pesar de las apariencias, en menos de un año, las fuerzas francesas cosecharían su primera derrota en suelo español; en un lustro, su fuerza se quebraría en Rusia y antes de una década, Bonaparte sería un recluso en una isla diminuta. El mundo cambiaba, lo hacía apresuradamente y Garibaldi iba a ser un paradigma de esos trastornos profundos y acelerados.

De joven, Giuseppe trabajó como marinero en distintos barcos mercantes que navegaban por el Mediterráneo, pero no tardó en salir de esa situación. A principios de la década de los años treinta, Garibaldi fue iniciado en la masonería y entró en la Joven Italia, un movimiento subversivo en el que se conjugaban el nacionalismo italiano, el republicanismo y un plan masónico de conquista del poder semejante al de la Logia Lautaro en Hispanoamérica. Las distintas fuerzas policiales reaccionaron, sin embargo, con eficacia y Garibaldi se vio obligado a escapar a Hispanoamérica.

Totalmente contagiado del virus revolucionario, participó en la rebelión del estado de Río Grande do Sul contra Brasil y después en la guerra civil de Uruguay. Fue precisamente en ambos conflictos donde Garibaldi se fogueó como audaz jefe militar.

Durante la década siguiente, organizó un regimiento de tres mil voluntarios con el que se puso al servicio de Carlos Alberto, rey de Cerdeña. Fue derrotado por las tropas austríacas de Lombardía, pero en 1849 se dirigía a Roma con sus hombres con la intención de apoyar a la república proclamada por Mazzini y otros revolucionarios. Se trataba de la cristalización de un sueño de juventud que no pudo cuajar. Durante cerca de un mes, Garibaldi logró contener a los franceses, pero, finalmente, hubo de capitular. Sus enemigos fueron generosos y le permitieron retirarse, aunque se trató de un regalo envenenado. La vía de retirada pasaba por territorio controlado por las fuerzas austríacas, que fueron aniquilando el ejército de Garibaldi. El revolucionario salvó la vida, pero, una vez más, se vio obligado a abandonar Italia.

Por un tiempo, pudo parecer que había quedado escarmentado. De hecho, marchó a Estados Unidos, donde se dedicó a trabajar como fabricante de velas e incluso obtuvo la nacionalidad. Sin embargo, el ansia de revolución era demasiado fuerte como para apagarse con una vida tranquila y laboriosa. En 1854, Garibaldi se encontraba de nuevo en Italia. Sentó sus reales en la isla de Caprera, cercana a Cerdeña, y decidió separarse del siempre fracasado Mazzini para apoyar a otro masón, el liberal Camilo Benso de Cavour, primer ministro de Víctor Manuel II. A esas alturas, Garibaldi había llegado a la conclusión de que la unificación italiana no se produciría apoyando un programa republicano, pero sí sería posible sobre la base de una monarquía de carácter liberal.

Durante los años siguientes, Garibaldi no dejó de combatir contra los austríacos, aunque su mayor éxito lo obtuvo contra la dinastía de los Borbones que reinaban en Sicilia. A la cabeza de los camisas rojas, un ejército particular conocido por ese atuendo peculiar, Garibaldi se apoderó de la isla y desde allí, como ha sido costumbre en la historia de la guerra, lanzó una expedición sobre Nápoles. El 26 de octubre de 1860, obtuvo una victoria decisiva a orillas del río Volturno y unos meses después cayó en sus manos la fortaleza de Gaeta.

La unificación de Italia era obviamente incompleta, ya que ni los Estados Pontificios, ni el norte de la península controlado por los austríacos estaban en poder de los nacionalistas. Sin embargo, Víctor Manuel II fue coronado rey de Italia. A Garibaldi se le ofrecieron honores, en parte, como una manera de reconocer sus servicios, y, en parte, como una forma de controlar su entusiasmo. Garibaldi optó, sin embargo, por retirarse a Caprera, aunque fue por poco tiempo. Si Víctor Manuel estaba dispuesto a renunciar de momento a la ciudad de Roma como capital de Italia para evitar indisponerse con los católicos del mundo, Garibaldi era de otro parecer.

El 29 de agosto de 1862, los dos antiguos aliados se enfrentaron en la batalla de Aspromonte. Garibaldi, herido en la batalla, fue capturado. Su puesta en libertad no tardó en producirse dada su popularidad y, en 1866, Garibaldi volvía a atacar los Estados Pontificios. Al año siguiente, un ejército conjunto del papa y de Francia lo derrotaron en Mentana y lo hicieron prisionero. Nuevamente su estancia en prisión no fue larga. En 1870, se encontraba combatiendo en el ejército de sus captores franceses contra las fuerzas prusianas. Paradójicamente, sería la derrota de esas mismas tropas lo que permitiría consumar el sueño acariciado durante tiempo por Garibaldi. Al ser vencidas por los prusianos en Sedán, las fuerzas francesas que protegían al papa tuvieron que retirarse y los nacionalistas italianos se apoderaron de Roma en octubre de 1870. La Italia reunificada contaba con la capital que siempre había soñado.

Cuatro años después, Garibaldi era elegido miembro del Parlamento italiano. A esas alturas, con las ambiciones del nacionalismo cumplidas, comenzó a sentirse inclinado hacia el socialismo, una ideología de reciente aparición en la que también tenían un peso notable los «hijos de la viuda».

El 2 de junio de 1882, Garibaldi exhalaba el último aliento. Seguía siendo una leyenda aunque su importancia real en la política había pasado a la Historia hacía tiempo.

Garibaldi y sus seguidores

Sin duda, una de las cuestiones más debatidas, incluso en vida de Garibaldi, fue la de su filiación política. De hecho, durante las décadas siguientes, su aureola, con bastante poca exactitud, sería reivindicada por todos. Lo mismo monárquicos que republicanos, liberales que nacionalistas, socialistas y fascistas, comunistas y masones. Para los republicanos y los liberales, Garibaldi era el héroe aliado de Mazzini; para los monárquicos, era el hombre que se había aliado con Víctor Manuel II y había aceptado ser su diputado; para los socialistas y comunistas, era el hombre que, en los últimos años, se había sentido inclinado hacia esta ideología; para los fascistas, era, finalmente, uno de los padres de la Italia reunificada. Todos los reivindicaban y eso explica, por ejemplo, que durante la guerra civil que tuvo lugar en Italia, al caer Mussolini, tanto un bando como otro se aferraran a él como un símbolo sagrado. En realidad, Garibaldi había sido todo eso y nada de ello. Y es que Garibaldi era, fundamentalmente, garibaldino.

El pensamiento totalitario

El siglo XIX, junto con el nacionalismo, dio lugar al nacimiento del socialismo y con él al del pensamiento totalitario. Por primera vez en la Historia, se crearía una ideología que pretendería legitimar el exterminio físico de sectores enteros de la sociedad. Esa cosmovisión genocida quedó expresada ya en los escritos de Marx y alcanzó una clara realización tras el triunfo de la revolución bolchevique en 1917. Durante las décadas siguientes, sobre las ruinas del antiguo imperio ruso se crearía el primer régimen totalitario de la Historia caracterizado por una violación continua y sistemática de los derechos humanos más elementales y por aportaciones como el Terror de Estado, las represalias sobre los familiares de los sospechosos o la creación de una red de campos de concentración. El socialismo nacionalista de Hitler copió con precisión germánica los aportes de Lenin y Stalin en materia represiva y tan sólo cambió el enemigo que había que exterminar, sustituyendo a los capitalistas —a los que tampoco contemplaba con simpatía— por los judíos. El balance de ambas ideologías fue pavoroso. Si el nacionalsocialismo alemán provocó una guerra que costó la vida a cincuenta millones de per-

sonas, el denominado socialismo real asesinó a no menos de cien millones. Fue, sin duda, un balance terrible para dos cosmovisiones que negaban a Dios y ofrecían la instauración del paraíso en la Tierra.

Marx

Hoy en día, Marx ha caído en la más absoluta obsolescencia y las revoluciones inspiradas por él se han visto, como le sucedió a él en vida, frustradas. Sin embargo, Marx y sus teorías constituyeron uno de los ejes indiscutibles de la Historia del siglo XX. En buena medida, ésta discurrió entre los intentos de llevar sus tesis al triunfo y los encaminados a evitarlo.

Karl Marx nació en Tréveris el 5 de mayo de 1818, en el seno de una familia judía que, para ascender socialmente, había optado por convertirse al protestantismo. Es muy posible que esa circunstancia pesara poderosamente en la psicología del joven Marx, porque años después escribiría páginas virulentamente antisemitas en las que se manifestó contra un judío, arquetípico y cobarde, tan sólo deseoso de medrar.

Tras estudiar en las universidades de Bonn, Berlín y Jena, Marx se sintió —como buena parte de los jóvenes alemanes de su época— inclinado por la filosofía de

Hegel, pero quiso leerla desde una perspectiva no idealista, sino materialista. En 1842 colaboraba en la *Rheinische Zeitung (Gaceta Renana)* de Colonia, que tuvo que abandonar por algunos artículos dirigidos contra las autoridades.

En 1844 se encontró en París con Friedrich Engels. El encuentro fue decisivo, primero, porque ambos descubrieron que habían llegado a conclusiones filosóficas y políticas muy semejantes y, segundo, porque Engels, que era un capitalista acaudalado, decidió tomar a Marx bajo su protección. Semejante protección no sólo permitió a Marx vivir sin trabajar y dedicándose exclusivamente a sus especulaciones, sino que además se extendió a áreas muy íntimas de su vida. Por ejemplo, cuando Marx dejó embarazada a su criada —un comportamiento repugnantemente burgués en una situación no menos burguesa—, Engels aceptó fingir que el bastardo era suyo para librar a su amigo de las posibles críticas. La causa socialista exigía esos comportamientos no por efectivos menos hipócritas.

En 1845, Marx abandonó París, se instaló en Bruselas y comenzó a organizar una red de grupos llamados Comités de Correspondencia Comunista. Frente a otras corrientes socialistas anteriores —a las que denominarían despectivamente socialismo utópico—, Marx y Engels propugnaban un socialismo materialista, ateo, revolucionario y violento que defendía el exterminio de sectores enteros de la sociedad para alcanzar el triunfo. Esa visión quedaría totalmente cristalizada cuando, en 1847, Marx y Engels recibieron el encargo de elaborar un programa que sirviera de base para unificar todas estas asociaciones e integrarlas en la Liga de los Justos, que después recibiría el nombre de Liga Comunista. La obra, titulada el *Manifiesto comunista,* constituía la presentación de una nueva visión socialista —que se autodefinía como científica— en la que no sólo se defendían posiciones tan peregrinas como la comunidad de mujeres, sino que también se indicaban fases hacia la conquista del poder que pasaban por la alianza circunstancial con los demócratas y el exterminio físico de clases sociales enteras a las que se consideraba enemigas. De esta labor debían ocuparse los partidos socialistas que implantarían una dictadura —la del proletariado— encargada de llegar hasta la sociedad socialista. En ese sentido, la creación de sistemas totalitarios como el bolchevique o el maoísta, con sus terribles regueros de sangre y destrucción, no fueron malas lecturas de Marx, sino su consecuencia directa.

A esas alturas, Marx se hallaba convencido de que el estallido de la revolución socialista estaba muy próximo e incluso llegó a afirmar —erróneamente— que tendría lugar en 1848. No fue así y el gobierno belga expulsó a Marx de su territorio, harto de sus actividades subversivas. Fue la primera de una serie de expulsiones que llevaron a Marx por Alemania, Francia y, finalmente, Gran Bretaña. En esta nación redactaría —siempre generosamente subvencionado por Engels— *El capital.* La obra no llegó a publicarse entera en vida de Marx y, de manera bien significativa, en su último volumen se desdecía de algunas de sus posiciones. También es sabido que Marx, lejos de ser un creador, plagió buena parte de sus tesis de autores anteriores como David Ricardo, e incluso falseó conscientemente datos sobre la situación de la clase obrera para acomodarlos a las conclusiones a las que deseaba llegar. Sin embargo, a esas alturas Marx estaba ya empeñado desde hacía tiempo en el triunfo de la revolución. En *La guerra civil en Francia* (1871), defendió el sangriento episodio de la Comuna de París, un análisis que volvería a repetir en su *Crítica del programa de Gotha* (1875). Precisamente ese impulso revolucionario le llevó a participar activamente en la creación en Londres de la I Internacional. Totalmente opuesto a la mayoría anarquista de Bakunin —a la que persiguió sañudamente—, Marx logró que la Internacional fuera un instrumento del marxismo, curiosamente impregnado de influencias masónicas, como el hecho de que su himno lo redactara un miembro de esta sociedad secreta.

Los últimos años los pasó Marx en medio de la creciente frustración de ver cómo el socialismo no avanzaba hacia la revolución e incluso algunos correligionarios se desplazaban hacia visiones reformistas. Por si fuera poco, aquellas naciones —Alemania y Gran Bretaña— donde supuestamente debía estallar la revolución proletaria se encaminaron hacia posiciones políticas muy diferentes. Falleció el 14 de marzo de 1883, sin sospechar que el triunfo de sus ideas se produciría en una nación eminentemente agraria: la Rusia zarista.

¿Materialista u ocultista?

La filosofía de Marx ha sido caracterizada, correctamente, como materialista. De hecho, Marx sostuvo la existencia de un impulso de la propia materia que, supuestamente, tenía sus consecuencias no sólo en la naturaleza, sino también en la Historia. Curiosamente, está documentado que Marx tuvo también veleidades ocultistas incluso en la edad madura y cuando, teóricamente, no hubiera debido defender semejantes tesis. Así, por ejemplo, redactó una obra de teatro —*Oumanel*— escrita totalmente en clave satanista y que denota un conocimiento profundo de símbolos propios del satanismo así como de su correcta interpretación. La obra, que no es mala desde un punto de vista dramático, es sólo un ejemplo. Su poema *El violinista* describe, por ejemplo, la toma del poder por parte de un grupo secreto que, al fin y a la postre, es dirigido por el propio diablo. Poco leído, este conjunto de obras nos muestra una faceta escasamente conocida, aunque reveladora, de Marx.

Lenin

Venerado como mesías de una humanidad nueva y aborreci-
do como creador del primer Estado totalitario de la Historia,
la figura de Lenin provocó durante décadas encendidas con-
troversias. Tras la caída del Muro de Berlín y la desaparición
de la URSS, dejó definitivamente de ser actual para sumer-
girse en la mera historiografía.

Su verdadero nombre era Vladímir Ilich Uliánov, y había
nacido en Simbirsk —ciudad que, desde 1924 hasta
1991, se denominaría Uliánovsk en su honor— el 22 de
abril de 1870. Su origen, como el de otros dirigentes revolucionarios, se encontraba en una clase media acomodada en la que el conflicto generacional se travistió de
compromiso social. En 1887, su hermano Alieksandr fue
detenido y ejecutado por su pertenencia a un grupo
terrorista que perseguía asesinar al zar Alejandro III.
Nunca ha quedado establecido hasta qué punto este episodio afectó al joven Vladimir. Lo que sí es indiscutible es
que no tardó en dedicarse a actividades revolucionarias

que le mantuvieron fuera de la universidad durante una temporada. Aprovechó ese alejamiento para vivir en la hacienda de su abuelo leyendo a Marx.

En 1891, tras concluir los estudios de Derecho, ingresaba en el colegio de abogados y dos años después se encontraba en San Petersburgo. En 1895, fue detenido por ser uno de los dirigentes de la Unión para la Lucha por la Emancipación de la Clase Obrera de San Petersburgo y deportado a Siberia. Su destierro fue muy benévolo y él mismo relataría cómo lo empleó en leer, pasear e ir de pesca, contando con la compañía de Nadiezhda Konstantinovna Krúpskaya, su esposa.

En 1900 fue puesto en libertad e inmediatamente optó por establecerse en Suiza, donde fundó el periódico *Iskra (La Chispa)*. A esas alturas, Lenin ya había concebido una de sus grandes aportaciones a la teoría de la revolución, la del partido que debía contar con revolucionarios profesionales encargados de convertirse en la vanguardia del proletariado. Esta visión acabó provocando en 1903, la división del Partido Socialdemócrata Obrero Ruso entre los denominados mayoritarios (bolcheviques), acaudillados por Lenin, y los minoritarios (mencheviques). A la sazón y a pesar de su rimbombante sobrenombre, los bolcheviques no pasaban de ser un grupo muy minoritario de exiliados que apenas tenía presencia en Rusia.

Al estallar la primera guerra mundial, Lenin propugnó su transformación en una guerra civil, pero su voz no fue escuchada por los partidos socialistas, que apoyaron a sus respectivos gobiernos. Durante los años siguientes, Lenin cayó en el pesimismo e incluso llegó a confesar a personas cercanas que jamás verían la revolución. La situación cambió de manera radical cuando en febrero de 1917 fue derrocada la monarquía zarista.

Lenin había recibido en el pasado dinero de los servicios secretos del káiser y en 1917 los alemanes le permitieron entrar en Rusia cruzando territorio germano con la intención de que debilitara la resistencia nacional en una guerra mundial que aún proseguía. Nada más llegar a San Petersburgo —rebautizada como Petrogrado—, Lenin proclamó las *Tesis de abril,* que se oponían a un sistema democrático occidental y abogaban por la dictadura del proletariado.

En julio de 1917, los bolcheviques intentaron un golpe contra el gobierno provisional. Su fracaso obligó a Lenin a refugiarse en Finlandia durante el verano. Aprovechó ese tiempo para plasmar de manera definitiva su idea del futuro Estado en *El Estado y la revolución,* en el que abogaba por la «dictadura del proletariado». Finalmente, en octubre —noviembre según el calendario occidental— los bolcheviques volvieron a dar un golpe de Estado que, esta vez, sí tuvo éxito.

Deseoso de salir de la guerra mundial, Lenin concluyó la Paz de Brest-Litovsk con Alemania, en virtud de la cual Rusia perdía una parte sustancial de su territorio, pero los bolcheviques quedaban con las manos libres para luchar contra sus oponentes. Desde el principio, Lenin dejó de manifiesto que «sin el Terror, este gobierno no puede sobrevivir» y no sólo creó una terrible institución represora —la famosa Cheká—, sino también la primera red de campos de concentración de la Historia, conocida posteriormente como el GULAG. Durante los años siguientes, el sistema creado por Lenin pondría en funcionamiento, por primera vez en la Historia, un conjunto de horrores que, por regla general, suelen asociarse con el nacionalsocialismo de Hitler. Así, a las matanzas en masa, a los enterramientos colectivos o al exterminio de sectores enteros de la población, Lenin sumó incluso la primera utilización del gas para asesinar a civiles, en su caso, campesinos opuestos a la colectivización.

En 1921, los bolcheviques estaban asentados en el poder, aunque a costa de la guerra civil más sangrienta de la primera mitad del siglo XX. Sin embargo, no tardó en quedar de manifiesto su incapacidad para crear un sistema en el que no sólo hubiera libertad sino también pan para todos. Desde mayo de 1922 a enero de 1924, Lenin sufrió tres apoplejías en el curso de las cuales no sólo perdió el habla, sino también el poder efectivo, que fue asumido de manera relativamente fácil por Stalin. El 21 de enero de 1924, falleció. Su cadáver, momificado, fue colocado en un panteón situado en la plaza Roja como una nueva forma de culto, un culto que en 1991, con el colapso de la URSS, dejó de ser oficial.

El coste del triunfo

El asentamiento de Lenin —y de los bolcheviques— en el poder implicó un costo en vidas humanas realmente espeluznante. Entre 1918 y 1920, el Ejército Rojo tuvo 701.847 muertos y el Ejército Blanco, algo más de cien mil. A esto hay que sumar varias decenas de miles de fusilados por los bolcheviques durante la guerra y la posguerra; un cuarto de millón de campesinos exterminados por las fuerzas de Lenin —en algún caso recurriendo al gas— y unos dos millones de víctimas civiles por el hambre ocasionada por las medidas económicas bolcheviques, el frío, la enfermedad o el suicidio. A lo anterior, se añadió la cifra de dos millones de exiliados que abandonaron Rusia para no someterse al terror bolchevique. Hasta la guerra civil china, la rusa sería la más cruenta de todo el siglo XX. Lo más sobrecogedor es que se trataba tan sólo del inicio. A lo largo del siglo XX, el número de víctimas ocasionadas por los seguidores de Lenin superaría los cien millones de personas.

Adolf Hitler

Sus doce años en el poder marcaron la historia del siglo pasado a sangre y fuego, hasta tal punto que pocas personas han podido ser más odiadas. Sin embargo, justo es reconocer que muy pocas fueron también las que se convirtieron en objeto de tanto amor, devoción y admiración. A más de seis décadas de su muerte, su simple mención sigue provocando las más profundas y encontradas reacciones.

Nadie hubiera podido vaticinar que Adolf Hitler sería una persona de relevancia histórica. Nacido en la localidad austríaca de Braunau am Inn el 20 de abril de 1889, sus padres eran un funcionario de aduanas y una campesina. Durante años se rumoreó que entre sus antepasados cercanos se hallaba un judío de cierta posición social cuyo paso por la cama de una familiar suya había sido tapado al casarse con ella un Hitler que, al tiempo, legitimó al bastardo. El episodio —que Hitler, una vez en el poder, intentó verificar— nunca ha quedado sustanciado de manera irrefutable, a diferencia de otra circunstancia, la de que el joven Adolf fue un estudiante mediocre.

Vinculado extraordinariamente con su madre —a diferencia del padre, por el que nunca sintió un especial afecto— durante su adolescencia y primera juventud no pasó de ser un niño mimado cuyos caprichos eran atendidos, en la medida de lo posible, por la viuda. Así, no llegó a concluir la escuela secundaria y fue rechazado en la Academia de Bellas Artes de Viena, pero se pudo permitir una existencia burguesa en la capital del imperio que fue realmente esencial para su vida posterior. Al estallar la primera guerra mundial, Hitler hizo todo lo posible por no servir en el ejército austríaco ya que odiaba este imperio en el que, junto a los ciudadanos de origen germánico, vivían con bastante tolerancia los pertenecientes a otras razas como la eslava o la judía. Sin embargo, se alistó en el ejército bávaro y demostró un valor excepcional que fue premiado en repetidas ocasiones con la cruz de hierro. Nunca pasó de cabo, sin embargo, porque sus jefes no lo encontraban con suficientes dotes de mando y porque, al parecer, Hitler hizo lo posible para no ser destinado a un regimiento diferente de aquel donde servía el soldado del que era amante.

La derrota le sorprendió en un hospital donde convalecía de heridas causadas por el gas que le habían dejado medio ciego. Se trató de una noticia tan inesperada que sólo pudo hundir su rostro en la almohada y romper a llorar. Desprovisto de un lugar fuera del ejército, aceptó de buen grado convertirse en informador del mismo y ya en algunos escritos suyos de aquella época se encuentra la firme convicción de que el resurgir de Alemania sólo podría venir mediante el exterminio de los judíos. En septiembre de 1919, se afilió al minúsculo Partido Obrero Alemán y al año siguiente lo controlaba transformándolo en el Partido nacional Socialista Obrero Alemán. Inicialmente, el mensaje de Hitler apelaba por igual a los antisistema de izquierdas y derechas, ya que, junto al antisemitismo propio de ambos, censuraba la democracia liberal y el capitalismo, y abogaba por la acción directa. Su socialismo era nacional y su nacionalismo, socialista.

En noviembre de 1923, en unión de otras fuerzas nacionalistas se sumó a un golpe de Estado que intentó desde Munich aniquilar el sistema parlamentario. Hitler fue sentenciado a cinco años de prisión aunque sólo cumplió ocho meses que ocupó en redactar su autobiografía, titulada *Mein Kampf (Mi lucha)*. A la sazón, Hitler pensaba que su final podía estar próximo, por lo que fue muy explícito en sus metas. Indicó así su voluntad de crear un Estado nacionalista basado en la raza, de expandir Alemania a costa de Rusia, de buscar la alianza con Gran Bretaña e Italia y, especialmente, de acabar con los judíos convencido de que «si se hubiera utilizado el gas para asesinar a unos cuantos miles de judíos» la primera guerra mundial hubiera sido ganada por Alemania.

Puesto en libertad, Hitler abandonó el camino de conquista violenta del poder y adoptó el de la vía legal. Así, la representación del Partido Nacionalsocialista en el Reichstag (Parlamento) pasó de 12 diputados en 1928 a 107 en 1930, y en enero de 1933, Hitler se convirtió de manera impolutamente democrática en canciller de Alemania.

Basándose fundamentalmente en los precedentes establecidos por Lenin en Rusia, Hitler creó una red de campos de concentración, pasó a controlar la economía y los medios de comunicación, eliminó los partidos políticos y sustituyó los sindicatos existentes por un frente del trabajo. Sin embargo, dado que el número de detenidos fue escaso si se compara con lo sucedido en Rusia, que el orden público había sufrido un notable deterioro durante los años anteriores y que, en 1934, Hitler se deshizo de los elementos más radicales de su partido, buena parte de la población no sólo no se sintió inquieta, sino satisfecha. Incluso las leyes antisemitas de Nuremberg promulgadas en 1935 fueron acogidas no con críticas, sino con cierto alivio ya que no pocos de los propios judíos pensaron que establecían un marco legal que los discriminaba, pero que, a la vez, los salvaría de la arbitrariedad y que, en última instancia, acabaría incluso desapareciendo. Todos estos aspectos, unidos a la disminución colosal del desempleo, a una suma de medidas intervencionistas de carácer social y al crecimiento de la economía, sirvieron ciertamente para proporcionar a Hitler un inmenso prestigio entre sus conciudadanos. A todo ello se sumó una cascada de éxitos diplomáticos realmente espectacular.

Como todas las mentes impregnadas por una visión totalitaria, la de Hitler era incapaz de aceptar conceptos como transacción o pacto. Por el contrario, cualquier cesión de sus adversarios fue interpretada por él como una muestra de debilidad que en absoluto le llevó a moderar sus exigencias, sino que más bien acrecentó sus apetitos. Los hechos son bien elocuentes aunque sólo podamos mencionar someramente los más importantes. En 1935, en contra de lo dispuesto en el Tratado de Versalles, que puso fin a la primera guerra mundial, inició el rearme de Alemania; en 1936 introdujo tropas en la región desmilitarizada de Renania; en 1938 se anexionó Austria y logró la desmembración de Checoslovaquia, y en 1939 llegó a un pacto con Stalin para repartirse la Europa del Este. Cuando en septiembre de 1939, Gran Bretaña y Francia decidieron hacerle frente en defensa de Polonia, Hitler era más fuerte que nunca.

En apenas dos semanas acabó con las fuerzas polacas y durante el año siguiente sus ejércitos invadieron victoriosamente Dinamarca, Noruega, Bélgica, Holanda y Francia. Finalmente, en el verano de 1941, pudo realizar su proyecto más acariciado, la invasión de la URSS, que debería aportar a Alemania territorio y materias primas. La confrontación era inevitable y, posiblemente, si Hitler hubiera tardado tan sólo unas semanas en llevar a cabo el ataque, hubiera sido Stalin el invasor de Alemania. A finales de ese mismo año, Hitler declaró la guerra a Estados Unidos, que ya había sido atacado por Japón en Pearl Harbor.

A pesar de todos los frentes abiertos, la derrota del nacionalsocialismo no pareció posible hasta inicios de 1943. Aún entonces se negó Hitler a darse por vencido, en parte, porque creía poder obtener la victoria en la batalla contra los judíos y, en parte, porque desconfiaba de la solidez de la alianza de la URSS con Gran Bretaña y Estados Unidos. En el primer escenario logró exterminar a seis millones de judíos, pero no acabar con ellos totalmente; en el segundo, su fracaso fue aún más clamoroso.

Durante los últimos días de la guerra ordenó la auto-destrucción de Alemania, convencido de que no había sido digna de la victoria. Hitler se suicidó en su búnker de Berlín el 30 de abril de 1945. Se cerraba así una de las páginas más siniestras de la Historia y comenzaban otras profundamente trágicas nacidas también de su impulso.

Hitler en Viena

De manera comprensible, el estudio de Hitler ha estado muy relacionado con su llegada al poder y, muy especialmente, con la segunda guerra mundial. Sin embargo, la figura del dictador no resulta comprensible sin una referencia a su paso por Viena. Fue en esta ciudad, capital del Imperio austrohúngaro, donde Hitler tendría sus primeras experiencias homosexuales, que fueron conocidas por la sección antivicio de la policía, pero, sobre todo, sería también el escenario donde iría forjando su cosmovisión. Mientras se alojaba en albergues edificados por filántropos judíos o veía cómo gente de esta misma religión compraba sus pinturas, llegó a la conclusión de que los judíos eran «una raza diferente» y exhalaban «un olor diferente». A esa manera de pensar le llevó especialmente el material contenido en una revista ocultista llamada *Ostara* que dirigía Lanz von Liebenfels. En 1909, Hitler llegó a visitarle para pedirle los números atrasados de la publicación. De las páginas de *Ostara* tomaría Hitler, entre otros aspectos, la esvástica como signo de su movimiento, la superioridad de la raza aria, las tesis eugenésicas e incluso el deseo de esterilizar y exterminar a los judíos. Sin su paso por Viena es muy posible que Hitler nunca hubiera sido lo que fue.

La democracia amenazada

El nacimiento del pensamiento totalitario —socialismo real y nacionalsocialismo— significó una terrible amenaza para las democracias que pudieron haber desaparecido en la confrontación. Si no fue así, se debió a que, al fin y a la postre, renunciaron a escuchar las voces partidarias del apaciguamiento —que incluso se oían en su seno— y optaron por defender la libertad. Sin embargo, derrotadas ambas amenazas, las democracias del globo no necesariamente han entrado en un período de estabilidad. En el presente apartado, aparecen Winston Churchill y Ronald Reagan, dos de los grandes defensores de la democracia en el siglo XX —vencedores por añadidura del nacionalsocialismo y del socialismo real—, pero también Indira Gandhi, una figura femenina que puso de manifiesto la dificultad con que se enfrenta la democracia en naciones de tradición distinta de la occidental y aquejadas por males como el nepotismo, la corrupción o la amenaza islámica.

La democracia amenazada

Winston Churchill

Vio lo que otros no quisieron ver. Fue desde el principio un encarnizado adversario del comunismo y años después el enemigo más tenaz de Hitler. Hace apenas unos años era votado como el hombre más importante del siglo XX y, seguramente, no se equivocaban mucho los que así pensaban.

Nació el 30 de noviembre de 1874 en el seno de una familia formada por lord Randolph Churchill y Jennie Jerom, una norteamericana. De considerable cultura —que conservó toda su vida— y espíritu aventurero, tras graduarse en Sandhurst, sirvió en la India y Sudán, donde combatió a los seguidores del Mahdí. Años después reflejaría sus experiencias de la época en un libro titulado *La guerra del río,* donde daría muestra de un talento extraordinario para escribir, ligado a una notable capacidad analítica.

Tras un paso por Cuba a finales del siglo XIX —paso en el que se aficionaría a fumar cigarros puros y a dormir la siesta— adoptó la ocupación de corresponsal y marchó a la guerra de los bóers. Capturado por éstos, logró evadirse en una fuga espectacular y, a pesar de recorrer territorio hostil y de tener puesta sobre su cabeza una recompensa, llegar a las líneas británicas. Este episodio le proporcionó una extraordinaria popularidad y facilitó que resultara elegido diputado por el partido conservador en 1900. Permaneció en esa formación, donde llevó, durante algunos años hasta que en 1904 se sumó a los liberales, cuya política le parecía más eficaz y realista.

En 1908 se convirtió en ministro de Comercio, y dos años después era titular de la Agencia de Interior. En 1911 fue nombrado primer lord del Almirantazgo a cabo una serie de reformas navales que gozaron de considerable repercusión durante la primera guerra mundial. Este conflicto pudo haber acabado con la carrera política de Churchill, ya que su actuación fue muy discutida e incluyó episodios como la crisis de Gallípoli. De hecho, aunque se mantuvo en un gabinete liberal desde 1917 hasta 1922, la derrota de los liberales y el avance de los laboristas lo sacó de la política.

A esas alturas, Churchill ya se había convertido en un hombre que analizaba con agudeza la realidad presente y sus repercusiones futuras, y comenzó a combatir el gobierno comunista que había dado un golpe en Rusia en octubre de 1917 y libraba entonces una terrible guerra civil que costaría la vida a millones de personas. El tiempo ha dejado de manifiesto hasta qué punto Churchill tenía razón en sus juicios, pero a inicios de los años veinte pocos lo escucharon.

En 1924, regresó al poder en el seno de un gabinete conservador que supo enfrentarse enérgicamente a los sindicatos, pero durante la década de la Depresión —1929-

1939— se convirtió en una voz que clamaba en el desierto. Nadie le escuchó cuando insistió en que la política de apaciguamiento sólo alentaría los avances de Hitler, cuando defendió la necesidad de rearme frente al expansionismo totalitario y cuando en 1936 advirtió que el Frente Popular desencadenaría en España una revolución que seguiría el esquema de la Rusia de 1917.

Parecía destinado a retirarse sin regresar al poder cuando comenzó la segunda guerra mundial y las miradas se volvieron hacia el hombre que llevaba años advirtiendo de la amenaza. En la primavera de 1940, Churchill sucedió al apaciguador Chamberlain en el gobierno, decidido a librar una batalla decisiva con el nacionalsocialismo. Su tarea no fue fácil. Con Francia derrotada, Gran Bretaña se encontraba sola y Churchill sólo podía prometer «sangre, sudor, brega y lágrimas».

Confiaba en la ayuda de Estados Unidos para enfrentarse a Alemania y no se equivocó, y cuando el III Reich atacó a la URSS en el verano de 1941, dio una muestra de claro pragmatismo al afirmar que si Hitler atacara el infierno, diría al menos una palabra amable sobre el diablo en el Parlamento. Esa circunstancia no le cegó ante el peligro de expansión del comunismo y, de hecho, su actitud ante Stalin resultó mucho más inteligente que la del norteamericano Roosevelt. Fue esa mezcla de previsión, tenacidad y dureza la que le permitió llevar a su país a la victoria. Al acabar la guerra —como él mismo diría en el curso de una conferencia en Fulton, Missouri—, sobre media Europa descendió un «telón de acero» que separaba a las naciones sometidas al comunismo del resto del continente.

Desde 1951 hasta 1955, volvió a ser ministro y advirtió de los peligros de lo que entonces se denominaba estado del bienestar. En 1953, recibió el Premio Nobel de Literatura —era un extraordinario historiador y dominaba magníficamente el inglés— y abandonó el poder dos años después. Se dedicó a la pintura en los últimos tiempos. Falleció el 24 de enero de 1965, a la edad de noventa años.

Conservador, culto, agudo, había salvado a Europa del nacionalsocialismo, había advertido de los riesgos del comunismo y había trazado con claridad algunos de los peligros del futuro. Pocos políticos comprendieron mejor el tiempo en que vivían y dejaron una huella más positiva para el género humano.

Churchill y la guerra civil española

La visión de Churchill sobre la guerra civil española estuvo enormemente determinada por el desarrollo de los acontecimientos en Rusia. Estaba convencido de que el gabinete del Frente Popular de febrero de 1936 sería semejante al de Kérensky de febrero de 1917 y de que luego vendría una revolución socialista como la de Lenin, aunque capitaneada en España por el socialista Largo Caballero. En su opinión, la victoria de Franco plantearía problemas a Gran Bretaña, pero todavía resultaría peor el establecimiento de una dictadura de izquierdas en el Mediterráneo. Por una vez las advertencias de Churchill fueron aceptadas por su gobierno, pero tan sólo porque los informes diplomáticos de los británicos que había en la Península las confirmaron.

Indira Gandhi

Hija del héroe de la independencia india Jawaharlal Nehru, Indira Gandhi pasó su vida consumida por el deseo de cumplir los sueños de su padre. Su carrera puso, sin embargo, de manifiesto los enormes déficits democráticos de un sistema político como el que rige la India desde la salida de los británicos.

Aunque los indios suelen jactarse de que su nación es la primera democracia del mundo, semejante aserto no resiste un examen mínimamente riguroso. Ciertamente, la India es el país más poblado de entre aquellos que pretenden contar con un sistema democrático, pero, en la práctica, en ella persisten diferencias de trato derivadas, por ejemplo, del sistema hindú de castas que son incompatibles con la democracia y, por otro lado, no puede negarse su más que deficiente funcionamiento político. En buena medida, las raíces de esa situación se hallan en los propios padres de la independencia. Gandhi no sólo no era un demócrata, sino que además profesaba un cierto misticismo de corte nacionalista; por su parte, Nehru era un marxista que no tuvo inconveniente en convertirse en correa de transmisión de Moscú a través del movimiento de países no alineados. Superar esos graves hándicaps iniciales recayó en los políticos de la segunda generación que, por añadidura, participaban de no pocas lacras similares. Tal fue el caso de Indira Nehru.

Nacida el 19 de noviembre de 1917, en Allahabad, e hija única de Jawaharlal Nehru, primer ministro de la India y héroe de la independencia, tras cursar estudios en Visva-Bharati (Bengala) y Oxford, Indira se afilió en 1938 al Partido del Congreso, una fuerza política de corte nacionalista con poca claridad ideológica más allá de buscar la independencia de la India. En 1942 contrajo matrimonio con Feroze Gandhi —un personaje sin relación alguna con el Mahatma, pero cuyo apellido tomó según la costumbre anglosajona—; poco después ambos fueron arestados por los británicos y pasaron trece meses en prisión.

Al alcanzar la independencia la India, Indira se convirtió en asesora sobre problemas nacionales y acompañó a su padre en algunos viajes al extranjero. Para muchos, se trató sólo de una muestra de nepotismo y, posiblemente, no pueda descartarse esa explicación, que muestra algunas de las fragilidades ya obvias en el nuevo sistema. Durante los años siguientes, Indira no dejó de ascender en el organigrama del Partido del Congreso, en 1955 se convirtió en miembro de su órgano ejecutivo y cuatro años después en presidenta, un cargo que ocupó durante un año.

Ni siquiera la muerte de Nehru, su padre, frenó su ascenso. En 1964, se convirtió en ministra de Información y Radiodifusión en el gobierno de Lal Bahadur Shastri, y cuando éste falleció en 1966, Indira pasó a ser primera ministra. Al año siguiente, el Partido del Congreso que contaba con la mayoría parlamentaria, la eligió para una legislatura de cinco años y en 1971 obtuvo una resonante victoria electoral.

Salvo los vínculos familiares, todo lo relatado no plantearía problema en las democracias consolidadas. No podía decirse lo mismo en la India, donde la trama de intereses creada por el Partido del Congreso desde antes de la salida de los británicos viciaba considerablemente el proceso electoral. De hecho, en 1975, la oposición logró encausar a Indira Gandhi por violación de la ley electoral en las elecciones de 1971. En una democracia digna de tal nombre, actos de ese tipo —que tendrían, por ejemplo, su equivalente occidental en la violación de la jornada de reflexión— hubieran implicado el final de la carrera política del culpable. En un régimen como el indio, Indira no sólo se hurtó a la acción de la justicia, sino que además declaró el estado de emergencia nacional el 26 de junio.

Con una justicia sometida al ejecutivo —otra de las muestras de si un sistema es o no democrático—, Indira logró ser exonerada por el Tribunal Supremo, pero eso no significó el final del estado de emergencia. Durante los años siguientes, Indira Gandhi cayó además en la tentación —propia de los políticos del Tercer Mundo— de experimentar socialmente. Así, por ejemplo, aprobó programas de esterilización. Como era de esperar, la oposición se fortaleció con semejantes acciones, a lo que Indira respondió intentando triturarla mediante la presión económica y la cárcel.

En marzo de 1977, el partido de Indira Gandhi no sólo fue derrotado electoralmente, sino que incluso ella perdió su escaño en el Parlamento. Su ausencia del poder no duró mucho. En las elecciones de enero de 1980, volvió a vencer y dejó de manifiesto su voluntad de ser sucedida por uno de sus hijos, Rajiv Gandhi. Se perpetuaba así la política nepotista ya iniciada por su padre y que contaba con paralelos en otras dictaduras del Tercer Mundo.

A la corrupción en el interior, unió Indira Gandhi un alineamiento claro con la URSS en el exterior, alineamiento que, como en tantos otros casos, recibió el nombre bien irónico de Movimiento de Países No Alineados, a pesar de sus antipatías declaradas contra las democracias occidentales y su colaboración innegable con las dictaduras del Pacto de Varsovia.

En 1983, Indira Gandhi fue elegida presidenta del Movimiento de Países No Alineados. No disfrutaría mucho de esa posición. El 31 de octubre de 1984, tras ordenar que se reprimiera a los sijs que se encontraban en el Templo Dorado de Amritsar, Indira Gandhi fue asesinada por algunos miembros de su guardia de seguridad. Tras su muerte, la India quedaba colocada en una situación nada envidiable, la propia de una nación que había accedido a la independencia de la mano de un partido convertido con enorme rapidez en dispensador de empleos e influencias.

La sucesión totalitaria

El hecho de que Nehru buscara heredero político en su hija Indira y de que ésta, a su vez, lo hallara en Rajiv no carece de paralelos en la historia de los países del Tercer Mundo. Por supuesto, es habitual en el caso de las monarquías que, por definición, son hereditarias y así hemos asistido en los últimos años a la sucesión por hijos de monarcas, como el marroquí Hassán II o el jordano Hussein. Menos comprensible —salvo por la corrupción propia de estos regímenes— es la operada en países como Libia, Siria o Iraq, donde los dictadores han logrado —o, al menos, intentado— que los sucedan en los resortes del poder sus familiares. Se opera así un fenómeno que cuenta con paralelos en la Antigüedad, en que los tiranos no necesitaban ejercen la forma de gobierno monárquica para lograr que los sucedieran sus hijos.

Ronald Reagan

Fue despreciado por sus adversarios como un cowboy loco y un mediocre actor. En realidad, fue un político extraordinariamente lúcido que devolvió el orgullo a su nación, que conjuró de forma definitiva la amenaza que significaba el comunismo y que fortaleció la democracia en buena parte del orbe. Pasaría a la Historia como uno de los presidentes más importantes de Estados Unidos y como uno de los personajes más trascendentales del siglo XX.

Ronald Reagan nació el 6 de febrero de 1911 en Tampico, Illinois. Era el segundo hijo de un matrimonio formado por el católico John Reagan y Nelle Clyde Wilson, perteneciente a la iglesia evangélica de los Discípulos de Cristo. Mientras que Ronald fue educado y bautizado en esta iglesia, su hermano Neil fue católico.

En 1924, Ronald comenzó a asistir al Instituto Northside de Dixon, población que siempre consideró su ciudad natal. Tres años después, consiguió su primer empleo como salvavidas, una labor en la que lograría salvar a 77 personas de ahogarse durante los siguientes siete años. En 1928, se matriculó en el Eureka College en Eureka, Illinois. Se graduó cuatro años después en Economía y Sociología.

A inicios de los años treinta, Reagan comenzó a ganarse la vida como locutor de béisbol. En 1937, estando en California, realizó una audición de prueba para un estudio. Su voz excepcionalmente clara y su aspecto deportivo determinaron que la Warner lo contratara para un período de siete años. A pesar de lo que se ha dicho repetidamente, Reagan era un actor sólido que no sólo destacó en películas de acción, sino también en dramas como *King's Row* (1942), donde interpretaba a un joven cuyas piernas eran amputadas como consecuencia de una herida de guerra.

En 1935, Reagan fue comisionado como oficial de caballería de la reserva y, al tener lugar el ataque japonés sobre Pearl Harbor en diciembre de 1941, fue asignado, dado su astigmatismo, a la First Motion Picture Unit de la Fuerza Aérea norteamericana, que se dedicaba a la realización de películas. Así permanecería durante el conflicto en Hollywood, a pesar de que en repetidas ocasiones pidió un destino en el extranjero.

En 1948, Reagan se divorció de la actriz Jane Wyman, con la que se había casado en 1940 y de la que tuvo dos hijos, de los que sólo sobreviviría uno. Esta circunstancia convertiría a Reagan con el paso del tiempo en el primer presidente divorciado de Estados Unidos.

Durante los años cincuenta, Reagan pasó a la televisión y, sobre todo, a la política. Asociado entonces al Partido Demócrata, al que no llegó a afiliarse, fue presidente del sindicato de actores de la pantalla (SAG) de 1947 a 1952 y de 1959 a 1960. Sin embargo, fue acercándose crecientemente al Partido Republicano en la convicción de que era el único capaz de frenar la influencia comunista en Hollywood y en el mundo. Así apoyó, a pesar de su cercanía a los demócratas, a Dwight D. Eisenhower (1952 y 1956) y a Richard Nixon (1960) en su carrera hacia la Presidencia.

En 1964, Reagan realizó su última aparición cinematográfica y apoyó la elección del republicano Barry Goldwater. Su discurso televisado por todo el país «Tiempo para escoger» causó una enorme impresión en los republicanos, y poco después le ofrecieron presentarse a gobernador de California. Inicialmente, Reagan consideró que el ofrecimiento era cómico, pero, al fin y a la postre, lo aceptó.

Reagan fue elegido como gobernador de California en 1966 —derrotando al dos veces gobernador Pat Brown— y en 1970. En ese cargo, dio muestras de una energía extraordinaria congelando el gasto público —lo que tuvo un excelente efecto sobre la economía del Estado—, no aceptando el chantaje de estudiantes y grupos terroristas o prohibiendo los ingresos no voluntarios en instituciones psiquiátricas. La gestión de Reagan fue, en términos generales, muy buena y lo convirtió en una figura de alcance nacional. En 1976, de hecho, estuvo a punto de ser nominado como candidato a la Presidencia por el Partido Republicano, una meta que alcanzó cuatro años después.

Reagan comenzó la campaña frente a Jimmy Carter —el presidente demócrata al que los norteamericanos habían votado para olvidar la humillación de Vietnam y el escándalo Watergate— y con una parte de los votantes republicanos apoyando a Anderson, un tercer candidato independiente. Sin embargo, Reagan supo tocar magníficamente las cuerdas sensibles del electorado americano. Carter era culpable del desempleo, la inflación, la paralización del crecimiento económico y la pérdida de peso estadounidense en el exterior, y Reagan simbolizaba la buena gestión económica y el orgullo nacional y además era un extraordinario comunicador. Como llegó a afirmar: «Una recesión es cuando tu vecino pierde su empleo. Una depresión es cuando tú pierdes el tuyo. Y recuperación es cuando Jimmy Carter pierde el suyo.» En las elecciones presidenciales de 1980, Reagan obtuvo 43.903.230 votos populares, equivalentes al 50,75 % del total de los sufragios emitidos; mientras que Carter lograba 35.480.115 votos populares, que equivalían al 41,01 % de los sufragios, y Anderson, 5.719.850 votos populares, equivalentes al 6,61 % del total. Por lo que se refiere a los estados, Reagan ganó en 44 y Carter en 6 y el distrito de Columbia. Se trataba de una victoria aplastante que dejaba de manifiesto lo que pensaba la mayoría del pueblo norteamericano. Por si fuera poco, en el Senado doce escaños pasaron a los republicanos, proporcionándoles la primera mayoría en veintiocho años.

A pesar de los casi setenta años de Reagan, desde el principio demostró una extraordinaria energía encaminada a luchar contra la mala situación económica, el crimen, el gasto público y la pésima coyuntura internacional. A los pocos minutos de tomar el poder, Reagan logró que los rehenes retenidos en Irán fueran puestos en libertad, lo que aumentó enormemente su popularidad. Por lo que se refiere a la inflación, consiguió dominarla, aunque en 1981-1982 se produjera una leve recesión, a la vez que reactivaba la economía mediante una drástica reducción de impuestos y un recorte del gasto público. En 1983, estas recetas liberales provocaron el crecimiento económico, el aumento del empleo y la subida de la recaudación fiscal, que no de los impuestos.

La política exterior de Reagan estuvo marcada por el deseo de contener los avances del comunismo en Nicaragua y otros países de Centroamérica, e incluso llegó a intervenir en Granada.

En 1984, Reagan se presentó a la reelección teniendo como adversario demócrata a Walter Mondale, vicepresidente de Jimmy Carter. La victoria de Reagan —54.455.472 votos populares, equivalentes al 58,77 % de los sufragios emitidos, frente a los 37.577.352 de Mondale, equivalentes al 40,56 % de los sufragios— fue todavía más espectacular.

El segundo período de Reagan resultó aún más notable que el primero. Su Iniciativa de Defensa Estratégica ya había puesto de manifiesto la inferioridad tecnológica de la URSS y la disposición de Occidente a no dejarse amilanar por el totalitarismo comunista. Ahora, con Gorbachov a la cabeza de la URSS, Reagan aceptó el progresivo desarme del que denominó «imperio del mal», en 1988 firmó el tratado más importante hasta entonces a ese respecto.

Cuando abandonó la Presidencia, Reagan dejaba tras de sí una nación que había recuperado su relevancia y su orgullo; la clara demostración de que la economía sólo puede ser reactivada recurriendo a las recetas liberales; la derrota de las revoluciones totalitarias en distintos puntos de Hispanoamérica y, sobre todo, la certeza de que el comunismo, a pesar de sus millones de crímenes, pronto pasaría a la Historia. Sin embargo, en el corazón de millones de norteamericanos sería sobre todo recordado por la defensa de valores cotidianos como la familia, el derecho a disfrutar del fruto del trabajo sin que sea arrebatado por unos impuestos gastados después descontroladamente por los políticos o la fe en Dios. En esos y otros aspectos, Reagan había encarnado la defensa de «la vida, la libertad y la búsqueda de la felicidad», como habían anunciado los padres fundadores, y con ella, lo más puro y limpio del denominado sueño americano.

Hijo de Filipo II de Macedonia, Alejandro fue educado por Leónidas, Lisímaco y, sobre todo, Aristóteles. Gran conocedor de Homero —Aquiles era su referente moral— y de Herodoto, fue asociado muy pronto a las tareas de gobierno por su padre (340 a. J.C.). Dos años después, mandó la caballería macedonia en la batalla de Queronea, donde Filipo II consiguió someter a las ciudades griegas que aún se resistían.

Jesús es, sin ningún género de dudas, el personaje más relevante e influyente de la Historia universal. Sin él, la Historia de Occidente —y con ella la del mundo— resulta incomprensible. Esa circunstancia —aunque no sólo ésa— explica sobradamente los ríos de tinta que aún sigue ocasionando. ¿Podría ser de otra manera cuando centenares de millones de seres humanos afirman que es el Mesías y el Hijo de Dios y que la salvación del género humano depende de él?

Es imposible —a pesar de los esfuerzos propagandísticos al respecto— realizar una lectura políticamente correcta de Mahoma. También es imposible conciliar su figura con los valores de Occidente. Sin embargo, la importancia de Mahoma es innegable. Más de mil millones de fieles y la agresividad vinculada con el seguimiento de sus doctrinas obligan a reconocerlo así.

La reconstrucción del Imperio romano de Occidente constituye un sueño que se ha extendido desde su caída en 476 d. J.C. hasta nuestros días. Pocos intentos tuvieron mayor relevancia que el llevado a cabo por Carlomagno. Fracasó, sin duda, pero puso de manifiesto hasta qué punto Roma seguía siendo un referente incluso para los pueblos que habían precipitado su caída, y además se convirtió en un verdadero paradigma del benévolo poder imperial.

Rey de Castilla y de León, hijo de Fernando III y rey sabio, poca gente conoce que Alfonso X no sólo fue uno de los monarcas más importantes de la Edad Media sino que incluso pudo adelantarse en tres siglos a la estrategia europea de Carlos V. Fue el rey que estuvo a punto de convertirse en emperador y que a ello dedicó buena parte de sus recursos y esfuerzos.

Pocos personajes han sido objeto de mayores controversias que Juana de Arco. Visionaria, guerrera, muñidora de rey, mártir... Ni siquiera la muerte pudo acabar con su influjo. A casi seis siglos de distancia, la llamada Doncella de Orleans continúa alimentando las más encendidas discusiones.

Cuando en 1474 vino al mundo una niña, hija del rey de Castilla y de una infanta portuguesa, llamada Isabel, nada hacía presagiar que un día podría ser no sólo monarca de la corona más importante de la Península, sino de toda España. Con una madre loca que hacía temer la transmisión del mal —algo que no sufrió Isabel pero sí su hija Juana—, un hermanastro débil, homosexual y sucio, Enrique IV el Impotente, cuyo reinado fue a la deriva, y un varón que la precedía en la línea sucesoria, se hubiera esperado que Isabel hubiera crecido sin carácter y, por añadidura, nunca se hubiera sentado en el trono. Sin embargo, las circunstancias se desarrollaron de otra manera.

Para la inmensa mayoría, el cardenal Richelieu estará siempre vinculado a la imagen siniestra y malvada con que aparece descrito en *Los tres mosqueteros* de Alejandro Dumas. Sin dejar de corresponderse con la realidad, Richelieu fue también un gran hombre de Estado que intentó modernizar la Francia del Antiguo Régimen, que no permitió que los intereses de su Iglesia se antepusieran a los de su nación y que, de esa manera, contribuyó decisivamente a acabar con la hegemonía española.

Avanzado el siglo XX, el pintor mexicano Rivera se permitiría pintar a Cortés como un estúpido sanguinario, simple marioneta de frailes codiciosos y verdugo de indios envidiables. Dentro del sistema de *agitprop* comunista, la imagen de Cortés era ideal. Sin embargo, no tenía punto de contacto con la realidad histórica porque pocos personajes han sido más cultos, inteligentes y avispados que Hernán Cortés.

La fecundidad suele ser una característica del genio. No sucede lo mismo con la precocidad. De hecho, no son pocos los que cuentan ya con varias décadas de existencia antes de mostrar el talento que llevan en su interior. No fue ése el caso de Johannes Chrysostomus Wolfgang Amadeus Mozart, un músico que decidió iniciarse en la masonería convencido de que en la logia podría acceder a los secretos de la música de las esferas celestiales.

Durante siglos, la figura de Napoleón ha aparecido ante los más diversos medios como la encarnación casi pura del genio. Invencible militar, extraordinario jurista, agudísimo político y, sobre todo, campeón de las libertades. Sin embargo, a casi dos siglos de su muerte, resulta obligado hacer balance y preguntarse si, verdaderamente, Napoleón fue un genio o un extraordinario manipulador.

Ya en su época, Bolívar fue venerado y aborrecido como pocos seres humanos lo han sido. Si para unos era el Libertador, para otros no pasaba de ser un traidor a su patria. La realidad era que formaba parte de un proyecto de asalto al poder que triunfaría en lograr la independencia y fracasaría en cuanto a crear un proyecto político viable. Las consecuencias de ese fracaso se extienden trágicas hasta el día de hoy.

Un grito pronunciado en lengua latina: «*Sic semper tyrannis*» —así suceda siempre a los tiranos— rasgó la atmósfera inquieta del teatro. El hombre que lo había lanzado acababa de saltar sobre el escenario procedente de uno de los palcos y, al caer, se había roto un tobillo. Fue en ese momento cuando algunos de los espectadores se percataron de que una mujer pedía ayuda. Era la esposa del presidente Lincoln. Acababan de disparar sobre la cabeza de su marido...

Hoy en día, Marx ha caído en la más absoluta obsolescencia y las revoluciones inspiradas por él se han visto, como le sucedió a él en vida, frustradas. Sin embargo, Marx y sus teorías constituyeron uno de los ejes indiscutibles de la Historia del siglo XX. En buena medida, ésta discurrió entre los intentos de llevar sus tesis al triunfo y los encaminados a evitarlo.

Los doce años en el poder de Adolf Hitler marcaron la historia del siglo pasado a sangre y fuego, hasta tal punto que pocas personas han podido ser más odiadas. Sin embargo, justo es reconocer que muy pocas fueron también las que se convirtieron en objeto de tanto amor, devoción y admiración. A casi seis décadas de su muerte, su simple mención sigue provocando las más profundas y encontradas reacciones.

Winston Churchill vio lo que otros no quisieron ver. Fue desde el principio un encarnizado adversario del comunismo y años después el enemigo más tenaz de Hitler. Hace apenas unos años era votado como el hombre más importante del siglo XX y, seguramente, no se equivocaban mucho.

booket